U0735212

春秋

那杆秤

刘兆波·著

齐桓霸业有多重

知识出版社

图书在版编目（CIP）数据

春秋那杆秤：齐桓霸业有多重/刘兆波著．—北京：知识出版社，2010.10
ISBN 978 - 7 - 5015 - 6120 - 9

Ⅰ．①春… Ⅱ．①刘… Ⅲ．①中国—古代史—春秋时期—通俗读物　Ⅳ．①K225.09

中国版本图书馆 CIP 数据核字（2010）第 188527 号

选题策划　杨　静　方模启
执行策划　赵海霞
责任编辑　之　时　刘怡淼
责任印制　张新民
封面设计　零三一五艺术设计
装帧设计　何翠楠

知识出版社出版发行
地　　　址　北京市西城区阜成门北大街 17 号
邮政编码　100037
电　　　话　010 - 88390732
网　　　址　http：//www.ecph.com.cn
印 刷 厂　北京佳信达欣艺术印刷有限公司
开　　　本　1/16
印　　　张　13.5
字　　　数　200 千字
印　　　次　2010 年 10 月第 1 版　2010 年 10 月第 1 次印刷

ISBN 978 - 7 - 5015 - 6120 - 9　定价：24.00 元
本书如有印装质量问题，可与出版社联系调换。

自 序

东周时期，思想自由且奔放，所以其历史与其他朝代相比，更接近真实的生活。周朝之后的历史人物往往带着单一的善或恶的面具，而东周史中的人物却是可歌可泣，爱恨分明的。出于对东周史的喜爱，笔者写下此书。

那个时代烽烟四起，群雄并立，一百二十多个诸侯国你征我伐好不热闹！齐桓公姜小白领导的齐国异军突起，几年之内便征服中原。随后，在管仲等人的协助下挥戈北上，将横行一时的北戎人马从地图上彻底抹去。当时的西北狄夷是后世蒙古人的祖先，连灭卫邢两大中原国家，兵锋到处所向无敌。但是当他们遇到齐国的军队，却唯恐避之不及，完全没有交战的勇气。处于巅峰时代的小白，在周王的支持下，纠合中原七国突袭楚国，使其俯首称臣，从此成为春秋第一霸主。

在小白称霸的过程中，还出现了郑厉公、宋桓公和楚成王等乱世枭雄，多方势力错综复杂，各显神通，绘制了一幅波澜壮阔的东周兴亡图。

本书讲述的正是这段惊心动魄的历史。

本书材料主要来源于《左传》、《谷梁传》和《公羊传》，个别材料参考《列国志》。在写实的基础上，本书对历史和人性等细节进行了分析，尽量让读者更真实地感受到那个时代气息。

人们都说那个时代的江湖是讲信义的，老幼是论尊卑的，但是那个时代既有大义灭亲、黄泉认母、仁义忠孝、圣人辈出，又有子杀父、母害子、兄妹相奸、舅甥乱淫。

那个时代有许多流传后世的传说，一念之差引来举国浩劫，一方霸主主宰万里江山；那个时代英雄辈出，龙争虎斗，数不尽的豪杰在风起云涌的山河上一决雌雄。

历史不是遥远的传说，那些人仍生活在我们这个时代，一次次重演着往昔的故事。我们回顾昨天是为了今天活得更好，这才是历史的真正意义。

青山依旧在，几度夕阳红？

是为自序。

目录

春

秋

目录

春

秋

目录 >>>

春

秋

一、两个男人的第一次亲密接触

读东周列国不得不谈到春秋五霸，谈春秋五霸不得不说到齐桓公姜小白，而说起小白不得不提及掌握他命运的人，管仲。

公元前723年，这个齐桓公生命中最重要的人降生在战火燃烧的大地上。

管仲，名管夷吾，字仲。据载，小白授予他只有后世皇帝才有的至高无上的荣耀：全国无论贵贱，只准称呼他的字。谁要吃饱了没事喊声管夷吾，那就是跟自个儿的脑袋过不去。因此世人称他管仲。

要知道小白对他亲爹齐僖公都没这么孝敬过。管仲究竟有多大能耐能让一国之君如此看重呢？为了探索名人成功的足迹，我们对早年熟识他的人进行了采访。

受访者甲

姓名：名气太小，被历史淡忘了

职业：商队伙计

受访言论："管夷吾这小子很不厚道，他和我们老板鲍叔牙一块做买卖，干一样的活，分钱时他多拿了一半，真是个没脸没皮的货！"

记者："鲍老板不是解释说是他同意让管仲拿的吗（我自愿让之耳）？"

受访言论："说什么呢！他都强拿去了，我们老板还好意思要回来吗？山东人好面子你又不是不知道！"

这次采访让我们很震惊，为了了解事情的真相，我们又采访了管仲的战友无名氏。

无名氏言论："我和管夷吾是一个部队的，当时他是连队长。经过我的

观察，每次打仗前排兵列阵，这混蛋都往后队里面钻；等到撤退时，他又成了前驱了。这小子当兵不是保家卫国，他是来蹭饭吃的。"

当时，在人们眼里管夷吾几乎是软蛋的代名词，只有他的好友鲍叔牙真正理解他。鲍叔牙对外声称，管仲家里有八十老母，所以打仗的时候才会有那种表现。言下之意，管仲是个孝子，不是胆小。不过这话也经不起推敲，自古忠孝不能两全，难道其他战死的人就不孝顺了吗？

终于有一天，鲍叔牙讲出了管仲珍惜自己生命的真正原因："管仲不是普通人，他在等一个机会（人固有遇不遇，使仲遇其时，定当百不一失矣）。"

我们中有很多人都有独特的本领，但最终还是平凡地度过了这一生。倘若生不逢时，刘邦还是街上的小流氓，刘备还在挑着小篓卖草鞋，朱元璋还在庙里敲木鱼……但是管仲很幸运，因为他生在一个群雄争霸的时代，机会正在向他靠近。

这天鲍叔牙得到消息：齐僖公要为两个儿子找老师。齐僖公有三个儿子，诸儿、公子纠和公子小白。太子诸儿从小霸道，吃喝嫖赌打砸抢没有他不敢干的。因此大家都看好公子纠和公子小白，公子纠是小妾鲁国女子所生，公子小白是小妾莒国女子所生。两人都是庶出，按东周时的制度，继承王位的可能性是五比五。鲍叔牙暗中合计，如果我找学生找对了，将来他成了齐侯，我就位极人臣，风光无限；要是找错了，政治风险不可预测，说不定全家死翘翘。我该选谁呢？正当鲍叔牙为押大押小发愁时，管仲带着正确答案来了："通吃！"

鲍叔牙和管仲约定，每人辅佐一个，等到确定王位时，互相推荐。这是历史上较早的政治投机，你押大，我押小，不管什么结果都是我们赢了。很快管仲成了公子纠的老师，鲍叔牙成了公子小白的老师。

也许有人很奇怪，为什么管仲当老师这么容易呢？考个乡镇公务员还得有个百里选一呢！请看历史记载：管仲生得身材魁梧，神情俊朗，博通文典，淹贯古今。

施瓦辛格的身子，F4的脸，奥巴马的气质，余秋雨的文采，再加上当时齐国的人口还没现在一个中等城市多，管仲当选自然是没有任何悬念。

管仲做了公子纠的老师后，经常见到一个人，那就是公子小白。未来他

们两个人的合作犹如火星撞地球，以飓风之势横扫东周，雄霸天下。不过现在管仲琢磨的是怎么弄死小白，因为他是公子纠继位的绊脚石。小白在殿堂里遇到管仲，也觉得此人眼神不怎么友好，后来他知道公子纠对付他的馊主意都是这个"管逃兵"想出来的。遗憾的是他没有更多的机会认识管仲，他要准备逃命，公元前698年，齐僖公驾崩，太子诸儿继承了王位，齐国的祸事来了。

二、鲁桓公的千古绿帽子

　　小白的倒霉事是他大哥诸儿的感情生活引起的，这段情事放到今天也绝对可以登上娱乐新闻的头版头条。

　　事情还得从诸儿小时候说起。据史载诸儿是有名的美男子。他有一个同父异母的妹妹，名叫文姜。文姜在东周列国中美貌也排得上前三名了：秋水为神，芙蓉如面，比花花解语，比玉玉生香。

　　俊男美女长年耳厮鬓摩，难免日久生情，如果是一般人很难做出与自己妹妹相恋的事。但是诸儿不是一般人，他的信念是：只有我想不到的，没有我办不到的。

　　诸儿兄妹偷情的行为很快被他们的老子齐僖公发现了，老头子怒斥一番，喝令他无事不得进宫。这下可把诸儿急坏了，每日心里跟猫挠似的，围着妹妹的宫殿转圈，就盼着里面起个火或者遭个灾，自己好进去相救。文姜见不到哥哥也不好过，卧病在床全因说不出口的相思。然而女孩子长大了终究是要嫁人的。很快，齐僖公就决定把她嫁给鲁桓公。诸儿听说妹妹要远嫁，请求护送妹妹，齐僖公心说小流氓，你拉倒吧！以亲自护送为由严词拒绝了诸儿的请求。

　　文姜的老公鲁桓公是个老实孩子，看到自己的媳妇这么漂亮，都美出鼻涕泡了，不论文姜提什么要求都会答应。

　　终于有一天，齐僖公见了上帝，诸儿继位成了齐襄公，这下再也没有人阻这对疯狂男女了。公元前694年，鲁桓公到齐国进行友好访问。到了晚上齐襄公就拉着文姜进了内宫，说是以前的旧宫女太想见她了。两人一进密室犹如干柴烈火，八个加油站同时着火也没有他们猛烈。

　　鲁桓公安静地等到第二天日上三竿，老婆没出来，齐襄公也不和他见

面。他纳闷啊，找了个宫女问你们当家的怎么还不出来啊，我怎么也没见到你们王妃啊。宫女回答，齐王还没有娶王妃，他晚上一直和文姜公主叙兄妹之情。

这下鲁桓公全明白了。

正当鲁桓公戴着绿帽子在宫殿门外瞎转悠时，文姜出来了，于是引出了千百年来重复不变的捉奸对话：

鲁桓公："夜来宫中共谁饮酒？"

文姜："连妃。"

鲁桓公："几时散席？"

文姜："久别话长，可半夜矣。"

鲁桓公："你兄可来陪饮否？"

文姜："我兄不曾来。"

鲁桓公："难道兄妹之情不肯来陪？"

文姜："曾来相劝一杯，即时便去。"

鲁桓公："席散如何不出宫？"

文姜："夜深不便。"

鲁桓公："你在何处安置？"

文姜："昔年守闺之所也。"

鲁桓公："你兄在何处睡？"

最后一句话羞得文姜满脸通红，只好拿出女人的杀手锏：你就问吧，我哭哭啼啼装个委屈样，起码外人看着是你的错。

鲁桓公怎么说也是个君主，这种委屈可受不了，他很想给文姜几个嘴巴，但他身在齐国，不是主场，不敢惹人家。只好忍住气，心说，等我们回去，看我怎么收拾你。

那边齐襄公已经得到了消息，毕竟做贼的都胆虚，心想，这小子回去肯定带兵打我，我妹妹（兼情人）回去也得受苦。得了，早晚也是撕破脸，我先下手为强吧。随即找到得力手下彭生，让他暗中干掉鲁桓公。

鲁桓公嗅觉何等灵敏，知道此地不宜久留，急着要离开齐国，于是向齐襄公辞行："大哥啊，我来到这里很高兴，非常感谢您的热情款待，本来想多留几天的，但是我那还有别的事，得提早回去。"齐襄公心里暗骂少来这

套！脸上却笑道："既然高兴，就多住几天吧。"坚持请妹夫去牛山游玩，鲁桓公推脱几次，眼看着齐襄公要来硬的，只好硬着头皮命人驾车。

为了配合彭生完成任务，齐襄公采取了全民皆兵战术，所有的士大夫，包括宫女一律上场，战场就是牛山的酒宴。

当时诸大夫轮流敬酒（轮流把盏），齐襄公担心鲁桓公喝不醉，又暗自下令宫女下跪，跪请鲁桓公喝酒。

不开心的时候喝酒容易上头，更何况这么多人劝酒，鲁桓公很快就不行了。齐襄公命令彭生送鲁桓公回宫，在离王宫大概二里地的时候，力大无比的彭生将鲁桓公的肋骨打断，又拉着胳膊拽开他的身体，然后回到齐国复命。

齐国对外声称鲁桓公酒量不行，喝那么一点就挂了。

鲁桓公死后，齐襄公大哭了一场，内心却高兴到了极点。

彭生杀死了鲁桓公自觉立了功，昂首挺胸来见齐襄公，齐襄公心想，知道这件事的只有他一个，干掉他就没事了。于是指着彭生大骂道："我让你好好照顾我妹夫，你竟然叫他醉死了，你真是罪不可恕！"随即吩咐手下砍了他。彭生立马急了，反正也是死了，他心一横，把齐襄公的丑事说了出来："鲁侯不是你让我杀的么？别以为我不知道你和亲妹妹睡觉。"齐襄公没料到彭生竟把这些糗事说出来，一着急，也忘了命人堵住彭生的嘴巴，反而把自己的耳朵堵上，以为这样就没人听到彭生说话了。这事办得有点搞笑，据史书记载"左右皆笑"。

鲁桓公死后，文姜的儿子鲁庄公继位。文姜也觉得这事忒丢人，于是住在齐鲁两国的边界上，哪边也不去。鲁庄公是个孝顺儿子，命人在文姜住的地方建了个小城，小心伺候着老妈。

三、爱江山更爱美人

　　齐襄公的绯闻在齐国传得沸沸扬扬，虽然当时没有媒体，但是人们凭着极大的兴趣，口口相传，每到茶余饭后都来上那么一段，再加上有些人添油加醋，很快这件不足两页纸的事件成了长篇的黄色新闻连播。但此事的背后却酝酿着危险的政变和民变，因为可爱的齐襄公勇敢地挑战了周朝人民的道德底线。

　　最早意识到危险的人是鲍叔牙和管仲。鲍叔牙辅佐的是公子小白，他告诉小白：你哥哥玩大了，国人都在笑他。如果再闹下去，引起百姓诸侯的愤怒，后果不堪设想（如水决堤，必成泛滥）。

　　小白脑子转得慢，听了老师的话立刻行动，找他哥哥去了。问题是该怎么劝呢，小白说得很巧妙："姐夫（鲁桓公）虽然死了，但是到现在还有人说这事（尽管这事不是你干的），你和我姐别走得太近，免得叫人家怀疑（虽然你们两个是纯洁的男女关系）。"小白说完后，发现齐襄公左右瞅了一下，低头开始脱鞋。有心的人会发现，每到着急的时候，齐襄公总会干出一两件古怪的事。小白也纳闷，他想干嘛？正想着，齐襄公一只臭鞋甩了过来（以履蹴之），同时大骂道："你这混蛋多什么嘴！"小白总算明白过来了，我再不走他就得过来抽我了。但自己是在君主的房间里，被人撵着跑的样子传出去不好听。小白急中生智，像竞走运动员一样，迈着小步，加大速度，蹭蹭蹭溜了。

　　小白出来后，急忙找到第一参谋鲍叔牙："那混球发怒了，你看怎么办？"

　　鲍叔牙说："我听说'有奇淫者必有奇祸'，齐襄公这个杀身之祸免不了了，我们还是出去躲一下吧，等事情过去了再回来。不然到时候造反的人

要斩草除根，你也跑不了。"

小白问去哪里。鲍叔牙想了想说："咱去莒国，那是你妈的家乡，小国家也不敢欺负咱。最关键的是那里离齐国近，你哥一死，你就马上回来继位。"小白连夜赶往莒国，安心等待齐襄公挂掉的消息。齐襄公知道小白去了莒国后，并没有为难他，以齐国的实力，让莒国交出小白不费吹灰之力，但是齐襄公没有这么做。一方面，老襄比较疼爱弟弟；另一方面，少一个唠叨他的人，求之不得。

小白离开齐国，可把公子纠乐坏了，唯一的竞争对手没了。其实公子纠也想劝自己的哥哥，可是他的精神领袖管老师不同意。

管仲预测到齐国即将生变，他知道即使公子纠去劝说齐襄公也难以成功，反而有被废掉的危险。事情瞬息万变，他不想让公子纠离开齐国，那样会错失最好的继位良机。管仲只好赌，他赌杀死齐襄公的那些人不会杀死公子纠。

齐襄公自从和文姜分别，相思病又犯了，非要找文姜约会，但那是鲁庄公的地盘，保不齐他要给老爸报仇把自己给干掉。思来想去，齐襄公决定带领大军前去。浩浩荡荡，倾举国之兵去泡妞，齐襄公可谓空前绝后第一人。

虽然只是带兵泡妞，但是齐襄公兵锋所指，肯定有一个国家要倒霉了。襄哥色迷迷的眼睛瞄上了弱小的纪国。纪国曾经与齐国结下仇怨，襄哥的父亲齐僖公几次想干掉纪国，都被鲁国带兵阻止。如今鲁桓公刚死，鲁庄公年轻又无法掌控大局，此时干掉纪国再合适不过了。齐襄公属于有便宜就占的人，当然不会放过这个机会。搂着美人打江山，还有什么比这更惬意？襄哥一声令下：攻纪！

鲁庄公元年，即公元前693年齐国对纪国采取了大规模的军事行动。

纪侯起初是不害怕的，自己一直给鲁国交保护费，为的就是今天，有老大在我怕什么！一直到齐兵攻占了他三座城池（老纪家业比较小，只有四个城的封地），纪侯吓傻了，急忙让老婆伯姬给鲁庄公写了封信（实在不明白怎么这点事也让老婆干），大体意思是再不派救兵你就给我收尸吧。

鲁庄公也在屋里愁得揪头发呢，他满屋转了十来圈，才做出找郑国帮忙的英明决策，因为齐国实在忒强了。没成想郑国此时也内忧外患腾不出空来。怎么办呢？毕竟是自己的小弟，这时候装怂人可就丢大了，其他诸侯国

会怎么看他？最后一狠心，出兵。

鲁兵救援的速度很慢，确切地说，是鲁庄公都不确定自己在干什么。大军到了滑国附近，鲁庄公借口军马劳顿，暂时驻扎。他一面心里盼着舅舅齐襄公会被自己吓怕，一面不停地自我催眠：我很强大，我很强大。三日后，他收到的消息证明齐国很强大：纪国的都城已经被围。鲁庄公害怕了，传令下去：收拾行囊，回家团圆吧。鲁兵像郊游队伍一样，出来溜达一圈又回去了。

听到老大回故乡的消息，纪侯差点哭了，心中暗骂：鲁庄公也他妈忒不够意思了，平时收我东西你那么精神，现在你瘪三了。纪侯知道齐国和纪国那是世仇，很可能城破之后齐襄公就把他干掉。万念俱灰的他突然觉得江山美人一切都不过是粪土，最终老纪决定将粪土交给一个人，他的弟弟瀛季。

老纪召瀛季过来，告诉他："我准备把城池交给你，附带老婆一个，从此以后你就是纪侯了，连我都得听你的。"

瀛季心知这是份费力不讨好的苦差事，连连推辞。

但是老纪哪管这些，他又拜了拜祖宗的牌位，大哭一场，在深夜里开门外出，从此再也不见了，纪国人最后的记忆是老纪出门时忘关门了。

瀛季没有等着挨宰，他早盘算好了投降，但是投降毕竟不是什么体面的事，要怎么跟天下人说呢？一番思量过后，他把大臣们召集起来问："国家被灭和保留祖宗宗庙哪个更重要？"大臣们这几天也是提心吊胆，均知灭国意味着全城的人死光光，从此告别老婆孩子热炕头的幸福生活。因此每个人都像事先训练好了一样大声说："保留祖宗宗庙重要！"瀛季接过话头说："唉，既然你们都这么说，就委屈我自己，幸福千万家，我们投降吧。"随即马上拿出纸，写上早已想好的降书，大体意思是：襄哥，我服了，你只要给我个供奉祖宗牌位的地儿，我什么都听你的。写完后，附带上纪国的土地、户口统计表一同交给了齐襄公。

齐襄公也比较厚道，割了三十户人家给瀛季供奉宗庙用，同时封瀛季为庙主。短短几日之内，瀛季同志就由大臣变成诸侯王，再由诸侯王混到了三十户人家的庙主。不过相比哥哥而言，他对工作职位还是比较满意的，怎么说也是个村长呢。

四、打架高手齐襄公

齐襄公灭了纪国，心里很是得意，回国路上妹妹兼情人文姜设宴款待，犒劳齐兵。文姜一高兴，命令儿子鲁庄公来拜见舅舅齐襄公。鲁庄公心里那个火啊，老爸被齐襄公当作拉面给撕开了，小弟纪国也给齐襄公干掉了，还得乐呵呵地给齐襄公道喜，心里的不爽可想而知。但是鲁庄公有个致命的弱点，他太孝顺，对母亲文姜的话简直是言听计从。很快他便如约而至，按照老妈的吩咐以甥舅之礼拜见了齐襄公。

正巧齐襄公新生了个女儿，文姜高兴地对鲁庄公说："你娶她当老婆吧。"古人虽有指腹为婚，但是近二十的小伙子，娶刚出生的婴儿，确实罕见，也亏文姜能想得出来。鲁庄公为难地说："她刚出生，不太合适吧？"文姜立刻勃然大怒："你想疏远我的亲人吗？"庄公硬着头皮答应下来。但是心里恼火得很，总是想找个人发泄。

也许是老天爷同情他，一个不知好歹的齐国人撞到他枪口上了。齐襄公和鲁庄公一块打猎，一个爱占口头便宜的齐国人路过，笑着对同伴说："这小子（鲁庄公）是咱齐王的干儿子。"说完之后就溜走了。片刻后，手下报告了鲁庄公这句话，压抑在鲁庄公心中的怒火爆发了，他只有一个念头：弄死他，弄死他！于是吩咐手下四处寻找，掘地三尺也要找到那个人，然后把他剁碎。不久，那个八婆的齐国人真的就到黄泉路上继续八婆去了。齐襄公在旁边看着，并没有埋怨鲁庄公。事实上，以后的日子里他对鲁庄公相当不错。大概因为鲁庄公是情人的儿子，爱屋及乌吧。

齐襄公回国之后日子过得很惬意，他唯一的遗憾就是国人老在背后谈论他乱伦的事。怎么才能改变形象呢？齐襄公决定要走圣人的路线，以正义代言人的形象面对世人。但是要正义就必须打击邪恶，哪个国家比较邪恶，而

且挨打的时候还不怎么反抗呢？可怜的卫国就这样被选中了。

卫惠公公子朔，卫国的前任国君，他为了报私仇（公子朔帮助郑昭公复国，阿昭没有答谢财物，令他很不爽），联合宋鲁蔡三国要将郑昭公修理一顿，无奈郑国有能臣祭足，三国一点便宜都没占着。公子朔郁闷地带兵回国，行至途中前方传来消息：公子朔打败仗死了（卫侯兵败身死）。公子朔恼了，我的天哪！哪个孙子这么缺德，我啥时死的！

探子很快弄清了情况：后院起火，公子职和公子泄辅佐周庄王的女婿公子黔牟即位。公子朔惊出一身冷汗，急忙带兵往回赶，怎料前方又报叛臣宁跪带大军挡住去路，公子朔没辙了，危难时刻想起了舅舅齐襄公。

齐襄公有两个妹妹，文姜和宣姜，都是绝世美人。文姜嫁给鲁桓公，宣姜嫁到了卫国，生下公子朔。而今公子朔跑到齐国避难，重亲情观念的襄哥自然热情地接纳了他。但阿朔毕竟是在异国他乡，人在矮檐下，不得不低头，他已经不再是威风凛凛的君主，而是成了低声下气的小绵羊。可怜的阿朔没事就登高望故乡，心里无限凄凉。想起本国那些叛臣就恨得牙根疼，他无时无刻不在想着打回老家去，解放全卫国，可恨的是手头没有兵。就这样，七年过去了，当初壮志满怀的少年公子朔如今成了没事发牢骚的青年公子朔。

终于有一天事情有了转机。

齐襄公灭了纪国，齐国的大臣无不称贺，马屁声连连，襄哥浑身上下说不出的舒服，公子朔趁热打铁提出自己复国的事，襄哥沉吟片刻答道："是时候了。"此刻，人人口中乱淫无道的襄哥在公子朔的眼中变成了纯洁无暇的正义大天使。

齐襄公脑子可没有公子朔那么简单。抢公子朔王位的人是公子黔牟。此人很有来头，是周王的女婿。从当时法律上讲，天下所有的土地都是周王的，所有的诸侯都有纳贡和臣服的义务。一个卫国本就不好对付，如果周王再出兵，二打一，搞不好自己反被痛扁一顿。幸亏襄哥处事的原则一向都是很怪异的，他的爱情原则是：只要长得美，亲妹妹我也敢睡；他的做人原则是：挡了我的路，就让你见阎罗；他的打架原则是：群殴是必须的，单打独斗是脑残的（以大欺小除外）。

基于上述原则，襄哥对阿朔讲："篡你位的人干的都是见不得光的事，人间自有公道在，这是大家的事，所以我们得找帮手（非联合诸侯，不为公举）。"阿朔一听更高兴了，再多找几个正义小天使那是再好不过了。没几天，正义小天使就现身了，他们是：宋、鲁、陈和蔡。这四国都惹不起齐襄公，再者，这场架赢的概率太高了，顺手牵羊在卫国捞点东西，何乐而不为。出兵之前，襄哥还弄了个檄文，也就是给各诸侯国的通知，上面说公子职和公子泄造反，阿朔有多么可怜，他们实在看不下去了，要主持公道灭了不应该即位的那个人(公子黔牟)。

襄哥的檄文指出了对方的致命伤——公子职和公子泄擅行废立！这在东周社会是人人唾弃的，干这种事的人除了祭足（后文有介绍）那样比泥鳅还滑溜的能臣，很少有人能摆脱上西天的命运。既有实力又讲道理，还等什么呢？众人抄着家伙，杀气腾腾奔着卫国去了。

新任国君公子黔牟过了七年惬意的小日子，他深刻体会到当一把手的好处。正当他想再深入体会的时候，边境来报：齐、鲁、宋、陈和蔡五国大军杀进卫国边境了。黔牟同志麻爪了：这几年品美食和泡妞都颇有心得，但就是打仗没学过，况且对方摆明了要群殴我啊。他慌忙召见心腹大臣公子职和公子泄。两人一合计，赶紧向黔牟哥的老丈人（周王）要救兵吧。周王心疼女婿，决定派能臣与五国联军大战一场，东周第一愤青子突登场了。

五、脑残愤青子突

周庄王收到女婿受欺负的消息后很愤慨，打狗还要看主人呢，何况打的是九五之尊周王的女婿。既然齐襄公如此不识抬举，他当然要教训一下这个变态淫贼了。

周庄王怒气冲冲地召集群臣，问："谁带兵去救卫国？"

宫殿上一片安静。阿庄纳闷了，平时娱乐都跟打鸡血似的，今儿怎么都不回话啊。

长久的沉默之后，国家总理（周公）忌父咳嗽一声站了出来，他以柔和缓慢的语调给心急如焚的阿庄讲清了目前的状况："自从你爹打人不成反被狂揍以后（阿庄的父亲周桓王带领蔡、卫、陈三国攻打郑国，结果一败涂地，肩头中箭，因为郑国手下留情才没被抓俘虏），已经没人听咱的了，现在齐襄公兵强马壮，还有四个帮手，再说人家帮助公子朔夺回失去的王位名正言顺。从哪方面讲，咱都打不过人家啊，所以……"

阿庄一听，顿时觉得心里堵得慌，他以求助的目光看向副总理（虢公）伯，虢公伯点头说："是啊，是啊！"两位最高行政长官都统一表态了，其他官员也就不好再说什么。周公和虢公暗自高兴。

此时左边大臣中站出一人，此人刚一出来就把矛头指向了周公和虢公："二公这话不对啊（二公之言差矣），他们不就是强点吗？怎么就名正言顺了？"此人正是下士（大臣中级别最低）子突。

周公也不生气，摆出长者的姿态循循诱导："公子朔是卫国君主，被叛臣赶出国土，人家夺回王位，不是名正言顺吗？"

听完这番话子突更为不满："卫国新君主黔牟哥是周土钦点的诸侯，周王都承认了，他公子朔就得认命。我就纳闷了，您怎么为诸侯说理，不把王命当回事呢？"这话一说，子突这个小愤青就将自己划到了周庄王的阵营。

阿庄心里也火了："是啊，周公你不对啊，老子给你开工资养着你，你怎么向着外人说话啊？"周公一看庄王的脸色，不敢找刺激了，当即闭口不言。

关键时刻虢公指出了事情的关键："战争得量力而行，我们军事力量薄弱不是一天两天了，以前强盛的时候联合三个国家都没打赢郑国，现在对方比郑国强十倍都不止，去了就等于送死。"

子突精神一振，说出了周代愤青最脑残的推理："天下的事有理就能赢，王命就是天理，我们代表王命，所以我们能赢！"子突同志说完这句话，还不忘在周王面前讽刺一下自己的上司，"要是你们不站出来，那还有什么脸号称王朝上卿啊（诸公有何面目号称王朝卿士乎）？"此话一出，虢公顿时语塞。

周公见子突咄咄逼人，决定转守为攻，问道："要是让你带兵，你能胜任吗？"

子突说征伐都是司马（大将军）的事，要是司马实在不想去，愿意代劳。大家一看司马的反应，面沉如水，和死马差不多。

周公见子突进套了，急忙补了一句："你救卫能保证必胜吗？"倘若子突答不能，周公可要嘲笑一番了，不能你刚才逞什么能。倘若说能，周公埋好后招，如果他打败了就治他的罪。

子突再次表现出脑子进水的症状："我有先王的保佑，把大道理一说，五国肯定乖乖认罪，这种事换了别人也能胜利。"

这时候，大夫富辰被子突的脑残语录感动了，高呼："子突同志说得太好了！大王可以让他去一趟，也让诸侯知道咱王室有人！"

周王见除了子突这个下士以外，众大臣跟波斯猫一样眯着不动，再说这小子说话挺叫人提气：得，就是他了。随即通知卫国的特快专递员宁跪："你先回去，王室的浩浩大军随后就到。"

宁跪是卫国造反事件的主要分子，本来他很害怕，接到这个通知，悬着的心终于放下去了，喜滋滋地跑回卫国报信。

子突是一个被忠义思想洗脑的激进青年，加上书读得比一般人多，说话有点冒傻气。从他后来的行为来看，他的确傻得风华绝代，脑残得鹤立鸡

群。朝堂上风光了一番之后，子突就憧憬着美好的未来。

但他忘了一件事：是否打架，由周王决定；而派多少人打架，决定者却是刚刚被子突藐视了一番的周虢二公。

当时齐国出五百乘兵车。乘是指四马一车，车下七十二人，车上三人，后勤二十五人，共一百人，其余四国无记载，假设每个国家最少出兵一百乘的话，五国联军有近千乘兵车，十万人马。

周朝派多少呢？

周公说："我们派二百乘吧。"虢公笑了笑道："嗯，子突有先帝的在天之灵保佑足够了。"

幼儿园的孩子都知道，二小于十，且远远小于十。当子突接手这批军队时，他没有任何怨言，连周公都纳闷，这小子应该诉诉苦啊。因为子突心里的数学公式是这样的：二加上先帝的在天之灵，再加上王命，结果肯定大于十。

卫国的战局形势非常严峻，襄哥的手下如狼似虎，攻起城来个个不要命。历史证明只要领导者是雄狮，即使手下都是小绵羊也可以干成大事。公子职和公子泄日夜巡城，他们心里有数，如果周朝援军再不来，离城破的日子就不远了。

可是突然间，公子职与公子泄看到远处旌旗招展。

"王师来了，王师来了！"守城的兵士欢呼起来。不过，公子职和公子泄很快又恢复了沮丧的表情："这王师来得也忒少了。"

襄哥也得到了周朝军队到来的消息，他心中一振，下令准备迎战，不过探马上报周朝只派了二百乘兵车，襄哥立即哭笑不得："周庄王啊，你可以瞧不起我，但也不能这么瞧不起我吧？"

子突同志还就是瞧不起齐襄公。第一次带兵打仗，他很兴奋，根据书本上教的，他首先命令安营扎寨，然后双方展开攻战。

襄哥乐了，那么点儿人别浪费工夫了，一挥手大军就蜂拥而上，充分显示了群殴战术极大的优越性。周朝军队这个鸡蛋很快就完成了碰石头的使命，士兵死伤遍野。子突被残酷的现实当头棒喝，醒过神来后他没有反省自己的错误思想，而是又自恋了一下下：我奉王命而战死，也称得上是忠义之鬼了！随后英勇的子突孤军奋战，杀了几十个敌军后挥剑自刎。

子突同志死后被周王朝授予烈士称号，周公与虢公二人为国家丧失了如此人才而感到无比惋惜。周庄王感动之余，又开始为晚上进行什么娱乐节目而发愁。入夜，周朝殿堂上灯火辉煌，觥筹交错，而卫国都城荒地上有一个孤魂仍每晚都痴痴地说：我的信仰是王命。

战场上，城下周朝军队好像进了屠宰厂一样，一袋烟功夫都被五国联军当西瓜切了。城上的卫国守城士兵吓得浑身筛糠，纷纷弃械逃命去。很快，齐国的士兵率先登上城墙，大开城门迎接卫惠公公子朔入城。这个压抑了七年的落难君主终于又站起来了！阿朔进城后的第一件事就是下令搜捕自己的仇人公子职、公子泄和公子黔牟——经过七年的政治难民生涯，公子朔做梦都想一口咬死他们——怎料搜遍全城都不见三人踪影。

阿朔正苦恼的时候，鲁庄公把他们送来了，原来三人运气太差，逃出城后，一头扎进了鲁军冰冷的怀抱。

鲁庄公知道三公子是公子朔不共戴天的仇人，特意送来让他决断。阿朔复仇的目光瞪着三人，怒气冲冲地说了一句话："把他们交给齐侯（齐襄公）吧。"

襄哥很快为公子朔解了气，斩了公子职和公子泄。而公子黔牟毕竟是周王的女婿，和齐国又有点亲戚关系，襄哥打他几下屁股，教育了几句，就放回了周都城。

公子朔重登大位，对襄哥感激不尽，当即把府库里最好的珍奇异宝都拿出来孝敬自己的舅舅。襄哥说："鲁侯擒获三公子，功劳不小，理应重赏。"于是将自己所得分给鲁庄公一半，霸道的襄公竟然拿出一半财宝给别人，可见他对鲁庄公之喜爱。

宋陈蔡三国国君嫉妒得眼睛都红了，均想：这是你姘头的儿子，你自然向着他，我们劳师动众的连个毛都没捞着。幸亏，襄哥还是很够意思的，自己那份他是不想分了，于是派人通知阿朔，还有三个帮忙的叔叔呢，你不要小气嘛，意思一下。公子朔老大不情愿地搜了搜家底，心头割肉一般把钱财赠与了三国君主，内心暗自将他们和强盗划了个等号。

俗话说，打人一拳须防人一脚。久在江湖混的襄哥明白这个道理。为防周朝报复，他派大夫连称和管至父带兵守卫周兵的必经之路——葵丘。

六、一个西瓜引发的血案

葵丘是个鸟不拉屎的地方，在那儿常年守卫，跟后世的充军发配没什么两样。连管二人愁眉苦脸地找襄哥辞行，连称问道："大王，戍守边疆这个工作我们接受，不过这活实在太辛苦了，您能不能规定个期限？"正巧襄哥在啃西瓜，他把口中瓜籽一吐，来了句："明年瓜熟的时候，派人接替你们！"连管二人觉得一年还可以，于是带着一年之后全家团圆的美好憧憬前往葵丘。他们哪里想到，襄哥只是随口一说，说完就给忘了。

连称没有忘，还将这句话传遍军营。士兵们想家心切，越接近夏天，就越关心西瓜，见面时的问候语也变得生动起来："哟，哥你好，熟了吗？"可以说这是史上最关心西瓜生长的部队。

终于有一天，瓜熟了！连称和管至父很激动，早早收拾好行囊，时刻准备着回家同小妾及无数的山珍海味相聚。然而一个月过去了，还是没等来任何动静。于是派人去齐都城打探，却听说襄哥正与妹妹在谷城偷欢呢。

这事大大地触动了连称的神经。原来襄哥有两个正式的老婆，大老婆王姬是为了树立形象从周朝弄来的，二老婆连妃是连称的亲妹妹。襄哥只对妹妹文姜有感情，不太待见王姬，加上王姬不怎么擅长讨其欢心，襄哥基本上把她当挂历在家放着。兴致来了襄哥就把妹妹带到王宫里，纵声狂欢。如果鲁桓公再生，一定和王姬有说不完的心里话，齐襄公好像就是为了给人戴绿帽子而生的。

王姬嫁给齐襄公一年后就抑郁而死。一年多时间，从一个活泼可爱的女孩子到含恨而死的怨妇。王姬的事情告诉我们，天大的事也得想得开，身体是自己的。

王姬死了，连称很高兴。按东周规定，王姬死后他的妹妹连妃就会当上王后，而他就是堂堂齐王的大舅哥了。

但是他忘了，襄哥是个不守规矩的人，他让王后的位子空着。在他心里，那个王位留给了妹妹文姜。

一直以来，连称只能在背后发几句牢骚——没办法，谁叫人家霸道呢。但现在不同了，他不会再受人忽悠，因为他手上有军权！

当你所熟悉的某个人一夜之间获得权势的时候，他很可能变成另一个人，这就是人性。军事力量开启了封印在连称心里的怨恨与野心，他的想法很简单，就是杀死齐襄公。

齐襄公毁了西瓜之约，引起了连称的反叛之心。但是连称明白，他调动不了这支军队，因为这支队伍还有一个领导人——副将管至父。连称决定投石问路，试探管至父的态度。

"这个无道昏君，只图自己享乐，把我们扔在这荒郊野外，我一定要杀了他！"连称盯着管至父的眼睛慢慢的说，"其实，你可以助我一臂之力。"

管至父若无其事地说："既然大王忘了这件事，我们不如进贡个西瓜提醒他，如果他不准我们回去，士兵们必定怨恨他，军心有变，军队就可以调动了。"高人出手不同凡响，管至父几句话解决了如何利用枪杆子的问题，连称彻底信任他了。

其实管至父久在朝廷，早已料到齐襄公接到西瓜后的反应。他和头脑简单的连称不同，他是个天生的谋反专家。

连称特意找了几个熟透了的西瓜，派人快马加鞭送到齐襄公的行宫。

齐襄公收到西瓜后勃然大怒，心说："怎么个意思？是说我如果不派人接替你们，就落个忽悠人的坏名声吗？"襄哥向来讨厌被人逼迫，脑子一转，对前来献瓜的人说："既然你们对西瓜这么感兴趣，明年瓜熟了再来找我吧。"献瓜的人只得愁眉苦脸地回去复命。

连称恨得咬牙切齿。他派人在军队里大肆宣传：齐王无耻地忽悠了我们，今后我们只能抱着西瓜在葵丘过日子了。

葵丘的士兵们早过够了野外生存般的生活，好不容易盼到瓜熟，可是齐王又变卦了。很快，怨恨情绪瘟疫般传染开来。连称看在眼里喜在心上，马上向管参谋咨询："我们下一步该怎么行动呢？"

管至父胸有成竹："根据以往的例子，都是先拥戴一个君主，然后再行动。如果没有名分，即使成功了，周王和诸侯也会联合起来灭了我们。"

连称愁了："这种人哪儿找去？"

管至父笑着说："那人正在找我们呢！"

此人正是齐襄公的堂兄弟公孙无知。

公孙无知的父亲公子夷仲年是齐僖公的同母兄弟，齐僖公特别疼爱这个小弟弟，爱屋及乌，也把公孙无知当宝贝看待。公孙无知很小的时候就在宫里生活，诸儿吃什么他就吃什么，衣服礼数一点也不必诸儿差，时间长了娇惯得不成样子。就这样，齐僖公无心之中在诸儿身边埋下了一个定时炸弹。

后来诸儿即位成了齐襄公，他和公孙无知从平级变成了上下级的关系。念着父亲的面子，诸儿没有把公孙无知赶出宫。可公孙无知没有意识到这一切的变化，他觉得诸儿还是那个诸儿，两个人的友谊并不会因诸儿即位而改变。

话说这天无知和齐襄公玩摔跤，玩得起兴把齐襄公摔了个狗啃屎。襄哥心里这个气啊，心说你不知道老子现在是老大了吗？于是暗下决心，一定要找机会修理公孙无知一顿。

没过多久，公孙无知出门，碰到大夫雍廪跟他抢道，无知骄横惯了，非要先走。雍廪懒洋洋地瞄了他一眼，说什么也不让。倘若齐僖公在世，雍廪肯定没有这个胆量，可是谁叫老头已经死了呢，欺负的就是你。

双方相持不下，告到了齐襄公那里。齐襄公算是抓住机会了，本来可以和稀泥的事，非要公事公办，把公孙无知的行为上升到危害国家的战略高度上，命其搬出王宫，品衔消减大半。

公孙无知的心比冰块还要凉，他不甘心失去这一切，他要夺回来！这一切被一个人看在眼里，他就是我们的谋反专家管至父。

管至父告诉连称，是引爆公孙无知这颗炸弹的时候了。于是两人写了封信，派心腹送交公孙无知。内容如下：公孙无知老大，你当年是何等风光，现在被齐襄公这个混球剥夺了爵位，连过路的人都看不过去啊。我们不能容忍这种事情发生，要拥戴你当老大，如果你有意的话请与我们宫里的潜伏人员连妃取得联系。机不可失！

公孙无知接到信很激动，很快就与连妃取得了联系。为了稳住连称，提

高连妃的积极性，他跟连妃许诺：等革命成功了，我们结婚。两位地下工作者，在潜伏之余擦出了爱情的火花。

连妃失宠多年，在宫里生活基本上等于活寡妇，这样下去结局何等悲惨可想而知。女人一旦报复起来是很可怕的，齐襄公万万没有想到身边这个恭顺的妃子正在把绞索慢慢套在他的脖子上。

七、动手！襄公时代的终结

公元前686年，即周庄王十一年冬，齐襄公决定于十一月到贝邱狩猎。绝密消息由连妃发出，经过公孙无知的地下交通站，连夜传往葵丘连称的大营。

齐襄公要离开他的老巢了，这是个千载难逢的机会！

公孙无知与连称商定十一月初旬起兵。连称的想法很简单，趁齐襄公不在都城，带兵攻进城门，拥立公子无知。他心里没底，问管至父："你看这么干怎么样？"

管至父反问一句："诸儿从他国借兵打回来怎么办？"

连称无语了。齐襄公各诸侯国的兄弟遍天下，鲁、宋、蔡、陈和卫等国都受过他的恩惠，他拉回五六国的队伍是完全有可能的。

管至父接着说："既然我们掌握了他的行踪，就埋伏在狩猎的行宫周围，杀死齐襄公，然后拥立公孙无知。事情就能保证万全了。"死人是不会带兵打回来的。连称采纳了这一最佳方案。

十一月朔日，齐襄公最后一次出猎，《东周列国志》中这么写的：死去的彭生变成了大怪物，如牛无角、似虎无斑，叼走了齐襄公的一只鞋，最后连称根据那只鞋找到了齐襄公，一剑杀了他。这是很传统的因果报应的说法，也是很不靠谱的说法。

总之，襄哥带着心腹力士石之纷如、男宠孟阳等人钻进了连称早已设好的圈套。

齐襄公当晚脾气不好，鞭笞了手下徒人费，徒人费疼得满含泪水，伤心地跑出去了。

行宫房间众多，如果一一搜查，恐怕迟则生变，连称于是带人前去打探

动静。活该徒人费倒霉，刚出行宫，就撞到了连称一行，连称二话不说，将他捆起来了。

连称喝问徒人费："那个昏君在哪？"

"在卧室。"

"他睡了吗？"

"还没有。"

问完之后，连称觉得这种小卒子没有什么价值了，弄死得了。

徒人费看到连称举刀，急忙大喊："别杀我，我可以先进去给你打探情况。"

连称道："你当我傻啊，你是昏君的人，怎么会为我办事？"

刚才的鞭伤派上用场了，徒人费连忙打开衣服让连称看，鲜血淋漓，皮肉外翻，连称相信了，嘱咐他先进去，做内应。

就这样，徒人费把连称大将军忽悠之后，急忙进去向齐襄公报告消息。

齐襄公听到此事惊慌失措。关键时刻徒人费又挺身而出，原来方才他忽悠连称是有深意的，大忽悠里面还套着小忽悠："既然连称知道大王在卧室，不如我们将计就计，找一个人假装大王躺在床上睡觉，大王藏在窗户后边，造反的人做事仓促，或许能逃过此劫。"

这是个好主意，问题是谁愿意躺床上让人家宰呢？

这时幸臣孟阳站出来说："我愿意！"

古往今来，像孟阳这样的人有多少呢？歌中说：有道是，满腔的血酬知己，千杯的酒向天祭。孟阳只是东周历史上微不足道的人物，但他为春秋大义的星空留下了一点独特的光辉。

齐襄公为孟阳盖好被褥，躲到窗户后藏好，又想起了徒人费："你现在干什么去？"

徒人费答道："我和纷如带人去抗贼！"

齐襄公眼泪快下来了："刚才我抽得那么狠，你不疼吗？"

徒人费一边往外走，一边说："死都不怕，还怕什么背疼呢？"

虽然《东周列国志》给齐襄公的评价是：恶贯满盈。但是关键时刻有人自愿为他舍生赴死，我们不得不承认齐襄公还是有一定的人格魅力的。

管至父考虑事情缜密，他担心齐襄公逃走，亲自带兵守住大门，然后让

连称进宫前去捉拿，齐襄公遇到管至父这种人，只能认命。

徒人费和石之纷如的抵抗没有起到任何效果，连称杀了二人，闯入了齐襄公的卧室。孟阳躺在床上，面朝墙壁，一动不动，连称手起刀落，人头落地。齐襄公见孟阳已死，只盼着叛军就此罢手，赶紧离开。

哪知连称拿火烛靠近人头仔细查看，发现此人年纪很轻，没有胡须。心里一惊，齐襄公没有死！连称再次仔细查找，这是一场后果严重的躲猫猫游戏，躲的人拼命躲，找的人玩命找。终于，连称看到了在窗户后的齐襄公，右手提刀，左手一把按住了他。愤怒的连称没有立刻杀死齐襄公，而是先以仁义礼信为命题，将齐襄公骂了个狗血淋头。骂完之后，连称挥刀将齐襄公斩成几段。想到齐襄公这么喜欢躲猫猫，索性将他和孟阳一起埋在了窗户底下，这回再没人找到他了。

连称和管至父杀了齐襄公后指挥军队长驱直入，很快到达齐国都城。守城的卫士还没反应过来，城内公孙无知的私人部队已经强行打开城门，接应连管大军入城。

八、公子无知很无知

连称、管至父拥立公孙无知，从周朝法律程序上讲是违规的，公孙无知是盗版的，没有经过先朝齐僖公的批准。

连管入城的第一件事就是把公孙无知从黑洗到白。二人很快召集了朝中所有大臣，面对以前的上级和同事，连管二人沉痛地道出了一个秘密：其实先王死之前留下了遗命，让我们拥立公孙无知为君。我二人在恶贼诸儿（齐襄公）的残酷统治下，忍辱负重，进行了不屈不挠的斗争。

群臣看着他们唾沫星子乱飞心知肚明，却都做恍然大悟状："哦，原来是这样啊！"

有了先君的遗命，公孙无知理所当然地坐到了王位上。为了兑现政治诺言，无知娶了连妃做老婆。连妃成了齐国夫人（王后），连称成了正卿(总理)，管至父自然做了亚卿(副总理)，以前的大臣统统降级。也就是说公孙无知的即位没给大臣们带来一点好处，反而降职了。群臣没有一个服气的，但连管身后黑压压的士兵告诉他们："不服也得服！"

办完公事，公孙无知要找一个人了结私事了。

公孙无知找来雍廪问道："雍大夫还记得我吗？"

"大王，我当时有眼不识泰山……我错了，我该死，其实我对您的景仰有如滔滔江水……"雍廪一边说，一边不停地作揖（雍廪再三稽首，谢往日争道之罪，极其卑顺）。

公孙无知一时哭笑不得，说道："好吧！饶了你，也不用降职了。"

很多人都认为脸皮厚的人做事很好笑，厚黑高手雍廪会告诉我们：脸皮厚和心黑是相通的，厚的时候很好玩，黑起来玩到你死！

公孙无知即位后，面对着三大敌对势力：莒国支持的公子小白和在国内

伺机而动的公子纠，这两股势力在明处，无知还可以加以防备。最棘手的是第三股势力：朝中心怀不满的大臣。他们隐藏得很深，无知无法确定具体是哪个人，总不能把所有大臣都杀了吧。

公孙无知的王位还没坐热，前朝重臣高傒便称病辞职。无知很受打击：这是个信号啊，高傒可是公认的大臣代表。

谋反专家管至父出了个主意：我们张榜招贤吧。一方面重用有才人，收买人心。另一方面，在大臣中注入我们的势力，有利于统治。主意是不错，可惜为时已晚。

管至父推荐自己的族人管仲。无知言听计从，马上派人找管仲去了。这时候，管仲还守着自己押的宝——公子纠。他很明白现在齐国的形势，风雷动变幻瞬息间，公孙无知要完了。"这小子临死还要拉个垫背的！（此辈兵已在颈，尚欲累人耶？）"管仲恨恨地说。

此时，东周名臣百里奚正打算投奔公孙无知混口饭吃。由此对比，可见管仲之深谋远虑。

公子纠很担心："老师您不会扔下我不管吧？"

"我怎么会做那种背心弃义的事！"管仲想了想接着说，"公孙无知知道我辅佐你，定会杀你除掉隐患，现在要做的是赶紧开溜！"

公子纠慌忙问："老师，咱往哪逃啊？"

管仲说："是亲三分熟，当然是你母亲的老家鲁国。鲁国强大，离齐国也比较近，抢王位也方便些。"

管仲再次施展当年当逃兵的本领，飞速逃离齐国。不出他所料，鲁桓公很欢迎公子纠，将师徒俩安置在生窦，好吃好喝招待着。

与此同时，莒国的公子小白也和莒子达成了协议，做出猛虎扑食的准备，只等齐国事变。

这时候的齐国，朝廷上下一片祥和景象。公孙无知不清楚管仲为啥逃跑，这人有病吧？请他做官跟要宰他一样。幸亏国人比较支持我，一个月了还没有不和谐的声音。尤其是雍廪同志，每天见到我都乐呵呵的，一脸的崇拜。

雍廪表面上一团和气，心里却恨得要命，老领导齐襄公很器重他，他也佩服襄哥的为人，偏偏齐襄公被他最瞧不起的瘪三公孙无知给篡了位。此仇不报，誓不为人！可是要报仇，他一个人势单力薄又做不来。听到前朝重臣高傒称病辞职的事，令他很振奋，终于找到同盟者了！雍廪的脑中一个复仇计划正在慢慢成形。谋反专家管至父下岗，总指挥雍廪大夫就职了。

连称和管至父手握重兵，雍廪已没有可能调动军队。如何发动敢怒不敢言的大臣，就成了事情的关键。每个人都保持沉默，不可能挨家挨户去问："哎，有兴趣谋反吗？"

雍大师决定给大臣们打针兴奋剂，简单说来就是造个谣。

鲁庄公十二年春二月，齐公孙无知元年，大臣们都去朝房贺喜，雍廪特意跑到人群中间，摆出很八卦的样子说："前两天来一朋友，跟我说公子纠要带鲁国军队攻打齐国。"群臣都说没听说过："你们这消息可靠吗？"雍廪欲言又止，做出天机不可泄露的样子，封口，不说了。

到了晚上，雍廪家的门房忙开了，三分钟就来一个敲门的，一个个鬼头鬼脑，等大家到齐了才发现，呵！除了连管二人，满朝大臣大集会！

雍廪试探道："大家看我白天我说的事怎么样啊？"大臣中稍大胆的东郭牙说："先主襄公再怎么不着调，他的弟弟公子纠没有错啊，我们日夜盼着他能打回老家来。"说刚说完，有些大臣就低声抽泣了（诸大夫有泣下者）。雍廪摸清了这群窝囊大臣的底，于是亮出底牌："我有办法！"群臣都竖起耳朵："快说，我们都听你的。"

雍廪讲道，要除掉公孙无知，必须干掉他的后台连称和管至父。连管二人虽然手握军权，但同样有弱点：他们都很敬重一个人，而这个人是我们的人——前朝重臣高傒。

第二天，东郭牙按雍廪的吩咐拜访高傒，联合行动小组成立。

东郭牙马不停蹄，奉高傒之命邀请连称和管至父。

连管二人乐坏了，他们虽然谋反，但是也有理想的人，高傒就是他们的政治偶像。如今老头亲自宴请他们，恨不得立马飞过去。

酒席宴上，高傒开始昧着良心说瞎话："先君（齐襄公）太腐败了，眼看着齐国衰弱下去，幸亏您二位立了新君，我们齐国老百姓才过上幸福安康的生活，我代表齐国百姓谢谢你们了。我老了，儿孙以后就拜托你们照顾了。"听高傒这么一拍马屁，连管二人顿时分不清南北了。高傒趁机吩咐："关上大门！今晚高兴，谁也不能打扰，不醉不归！"

此时，雍廪正在叩打公孙无知的宫门，无知一听是厚脸皮雍廪来了，很高兴地召见，他现在对雍廪比较有好感。

雍廪瞎话张嘴就来："公子纠带鲁兵打过来了，您看怎么处理啊？"公孙无知傻眼了："国舅呢？"雍廪答道："喝酒去了，还没回来。大臣们都在朝堂等着呢，您过去看看？"公孙无知想都没想跟着雍廪出了宫门，他在朝堂上刚坐定，就发现气氛不对，大臣们不同往日，一个个打鸡血似的瞪着自己。他有点害怕，想问下身后的雍廪怎么回事。雍廪没等他转身，掏出长匕首自后背捅入，给他来了个透心凉。

如果用两个字概括公孙无知一生的话，那就是：无知。

公孙无知已死，雍廪立刻命人放起狼烟，通知高傒。

高傒正陪连管二人喝酒，下人上来禀报："外边着火了！"高傒冷静地站起来，微微一笑："稍等，我去看看。"话毕，快步走了出去。管至父感觉不对劲，刚想起身问一句，四下刀斧手群起，三下两下就将连管二人大卸八块。

雍廪、高傒等大臣为齐襄公召开正式追悼会，祭奠物品很特殊：连称和管至父的心肝。为免其他诸侯趁乱打劫，雍廪火速派人前往鲁国迎接长子公子纠。公元前685年是改变齐国国运逆转的一年，公子纠和公子小白的夺位之战自此拉开帷幕。

九、小白快跑

公孙无知死了，国内无君，雍廪决定按照"立主以长为先"的老规矩，派人去接公子纠。

当公子纠把这件事告诉管仲的时候，管仲第一反应就是快跑，尽快赶到齐国！公子纠纳闷了："老师太紧张了吧，大臣们已经决定迎接我，应该没事了。"管仲看着这个政治外行，大急："齐王的位子空着，谁先进去就是谁的，你以为小白会乖乖等你当齐王？"公子纠想到小白一向奸猾的样子，出了一身冷汗，啥也别说了，赶紧回国。

公子纠急急忙忙找鲁庄公辞行，没想到宫里的人出来笑脸相迎："不好意思，大王今天正好有要紧事。"公子纠像喉咙里卡了个东西，上不去，下不来，说不出话来。

这种时候找不到人！

公子纠此时在鲁国是政治避难，要想离开必须由鲁庄公签字同意，这玩笑开大了。公子纠没办法，只好死等。终于鲁庄公召见他了，望着公子纠焦急的眼神，鲁庄公沉吟许久说道："此事还需从长计议。"

公子纠心中一凉：完了，这是不想让我走啊。

公子纠火速回到生窦，告诉管仲事情经过。管仲把鲁国的精明人物快速在脑子里过了一遍："哦，应该是施老头搞的鬼。"

"那我们怎么办呢？"公子纠急得快哭了，自己缩头缩脑忍了五年，好不容易熬到齐王职称了，偏偏回不去。

管仲笑了笑："快准备点东西，看你姐姐文姜去吧。"

齐襄公死后，文姜寂寞守孤宫，内心十分痛苦。自从公子纠来到鲁国之后，文姜爱屋及乌，对公子纠很是关心。

公子纠无精打采地来到文姜宫里，见了姐姐忍不住哭诉起来："现在国内无君，国不成国……咱哥哥（齐襄公）地下有知，该多伤心啊！"文姜一听，火冒三丈："我给你做主，别担心，我跟你外甥（鲁庄公）说去。"

很快，怀揣一哭二闹两件法宝的文姜杀奔鲁庄公的宫殿。

鲁庄公为什么不让公子纠走？还真是鲁国智囊施伯搞得鬼。刚得到雍廪请公子纠当齐王的消息时鲁庄公很高兴，他觉得自己帮助公子纠，将来公子纠当上齐王肯定会感激自己。施伯不以为然，人是靠不住的，将来的事鬼才说得准。现在齐国没有君主，时间长了肯定会内乱，齐国弱了对我们是好事啊。

鲁庄公问道："那如果莒国的公子小白当了齐王呢？"

施伯道："好说，如果小白入齐，我们就放公子纠走，到时候他们不就内斗起来了？"

政治家的斗争，虽是寥寥数语，却句句要人性命。遗憾的是施伯遇到了管仲。

鲁庄公听从施伯的建议，刚拿定主意，老妈文姜就来闹了。众所周知，鲁庄公是有名的孝子，为了母亲连老爸的仇都不报了。文姜让他护送公子纠入齐，他哪敢不听。

施伯还想劝解，鲁庄公无奈地说："别说了，你再大也没我老妈大呀。"于是亲率三万人马，护送公子纠前往齐国。

公子小白此时身在何处？正在全力向齐国都城冲刺。雍廪通知公子纠的同时，小白已经得到了公孙无知死亡的第一手消息，线人正是我们大家都很熟悉的高傒。

高傒早就和小白过往甚密，他也一直背负着当小白眼线的使命。因为有"立主长为先"的原则，他不便说出自己的意见，索性偷偷告诉小白入齐，来个生米煮成熟饭。

对决开始！首先，小白所在的莒国跟齐国之间的距离，要比鲁国跟齐国之间的距离短得多；其次，小白提前得到了消息；最后，小白带兵一百乘，公子纠带了三百乘，两人的行车速度好比龟兔赛跑，而公子纠就是那只可怜的乌龟。

无论哪个角度来讲，乌龟都无法取得这次赛跑的胜利。

但我们忽略了一个因素，乌龟的师傅是管仲。

管仲找到鲁庄公："庄公，小白在莒地，离齐国近，请您借给我快马，我要阻止他！"

鲁庄公问要带多少人，管仲答三十乘（三千人）足够了。

带着三千人去抢劫公子小白的一万人，也就管仲能做出这种事。

没办法，人多了走得太慢，现在最重要的是速度，管同志再次拿出了当逃兵时的速度！

《东周列国志》中写道：昼夜奔驰！

歇会儿？开玩笑，除非马累死了。人马追到即墨，一打听，有一万多莒兵过去好长时间了。追！三千人又猛跑了三十里路，终于看到前边有数不尽的莒兵在埋锅造饭。

莒国是一个小国，但是越是这种国家的士兵越好勇斗狠，这是他们在乱世中生存的根本。

管仲一下兵车就笑呵呵的："大家都是自己人，都是去齐国的。"在众人半信半疑之时，他已经来到了小白身边。

小白正端坐着车里，一副王者样。管仲规规矩矩地上前鞠躬："公子别来无恙，您这是去哪儿啊？"这就是传说中的废话，大家都心知肚明。

小白一副悲伤的表情："父亲死了，我去奔丧。"

管仲道："公子纠是大哥，他应该居主丧。您先等他一下吧，您这么辛苦真叫人不忍心。"

小白被管仲抓住把柄了，照规矩公子纠不来奔丧，就没小白的份。咋办？小白心道，老子保持沉默！小白给自己的老师鲍叔牙使了个眼色。那意思是找茬的来了，你对付吧。

鲍叔牙和管仲绝对是铁哥们，而今两位真英雄在战场上相遇了。

鲍叔牙是个直性子，没心情和管仲讲理，他也知道自己说不过管仲。索性开门见山："管仲你回去！我们各为其主，废什么话(不服就打呗)！"

听话听音，周围的莒兵嗅出了动武的气氛，一个个立马拔剑出鞘。

管仲连忙再次鞠躬："是！是！"然后后退离开。莒国兵士无不得意："在这里耍横，找死！"

趁众人放松警惕的时候管仲猛然转身，拈弓搭箭如行云流水，怒目圆

睁，一箭射出。

此刻他不再是那个人人耻笑的管逃兵，不再是那个贪图小利的管奸商，他死死抓住了上天给予他的机会。

公子小白大喊一声，口中吐出鲜血，扑通摔倒在车里。

小白死了。

护送的人一下子失去了主心骨，顿时一阵慌乱，而鲍叔牙早已跳到车上查看情况。

管仲趁机飞身上车，对手下一挥手："赶紧跑啊！"这是一支专业的逃跑队伍，快马加鞭，以求生的速度逃之夭夭。

管仲拼死一搏，自己也冒了身冷汗，路上他美滋滋地想："还是我的徒弟有福气，就该他做齐王。"见了鲁庄公，管仲说了大致情况，就为公子纠摆宴庆贺。鲁庄公本来对管仲追小白没报什么希望，现在大为佩服。心放下了，路走得就慢了。

小白没死，而且一点事也没有。管仲的箭碰巧射中了他腰带上的扣子。小白听鲍叔牙说过管仲是神射手，担心他再射一箭自己小命就没了，于是忍痛咬破舌头，假装口喷鲜血。这招太绝，连鲍叔牙都骗过了。

鲍叔牙说："管仲虽然走了，他有可能再回来，我们还是赶紧走吧。"小白也被刚才那一箭给吓懵了，自然是希望走得越快越好。鲍叔牙给小白乔装打扮，又弄了一辆普通的车，师徒俩也不带兵了，从小路快马加鞭奔赴齐国。

此刻公子纠正沉浸在杀死小白的喜悦中，这个准齐侯沿路打赏，走得越来越慢。本来就是个龟兔赛跑，这下好，乌龟开始打盹了。

鲍叔牙和公子小白终于到了齐国都城临淄城下，但是小白不能进去，因为齐国群臣邀请的是公子纠。

鲍叔牙独自坐车进了临淄，他见了群臣，先是好好吹捧了小白一番，然后说道："公子小白就在城外，快叫他进来吧！"大臣们纷纷摇头："那不行，公子纠快来了，他来了我们没法说！"

十、齐鲁第一战

大臣们意思很明显：其实谁当齐侯对我们都没影响。但是我们已经邀请公子纠了，如果反悔，鲁庄公轻饶了我们吗？

此时公子纠随时会到，一旦入城，城墙根底下徘徊的小白再无翻身之日。

鲍叔牙心知没时间讲废话，既然吹牛这招不行，只好恐吓了："鲁庄公不会做赔本买卖，他拥立公子纠后索要的报酬会少吗？你们难道忘了当年'宋国索赂'了吗！"

当年，著名的"宋国索赂事件"引起了诸侯国之间的集团混战，起因是宋国拥立子突为郑国国君，宋庄公自恃拥立有功，天天堵在郑国门口要报酬，引得宋郑连年征战，各诸侯国相继参加进来。

有时候大道理是不管用的，一个活生生的事例却能震慑人心。

鲍叔牙乘胜追击："我们国家一个多月死了两个国君，国家多难，能承受得起鲁庄公没完没了地索要财物吗？"

现在大臣们觉得鲁庄公这混蛋就是来掏自己腰包的，很多人急忙问道："咱们怎么把鲁侯劝走啊？"

鲍叔牙心中暗喜，再次说出心里话："我们有国君了，他还能赖在这里么，快迎接公子小白啊！"话音未落，公孙隰鹏和东郭牙齐声喊道："鲍叔牙说得太对了！"这就是政治嗅觉，知道小白要当齐王了，抢先表决心，给未来老大留个好印象。

接下来就是登基大典，形势紧迫，大家都想小白尽快当齐王，一切从简，三分钟的进城仪式后，春秋第一霸主小白出世了。

鲁国的三万人马还在前往齐国临淄的路上，群臣嘀咕："到时该怎么说

啊?"鲍叔牙说道:"还等他来干嘛,直接跟他说去。"

随即派心腹大臣仲孙湫去迎接鲁庄公,鲁庄公一看:"哎哟,迎出这么远来,太客气了。不要这么拘礼嘛!"

怎料仲孙湫接下来道:"您回去吧,公子小白已经是我们的老大了,您送的那位我们不要。"

鲁庄公的心情一百八十度大转弯:"立长子为君,这是规矩。小白算是什么玩艺!你以为老子带这么多兵出来逛街的吗?"

齐襄公活着的时候,鲁庄公一直生活在他的阴影之下,襄哥太能打了,不服就得挨揍。现在他死了,鲁庄公再无忌惮,传令三军向齐国首都进兵,把公子小白赶下台去。

公子小白刚坐上老大的位子就碰到鲁庄公砸场子,他有点发慌:"鲁兵不退咋办啊?"鲍叔牙说:"很简单,把他们打退。"

小白命鲍叔牙带兵迎敌,鲍叔牙做事的特点是干净利落,有这样忠诚能干的人辅佐,虽然人心不服、形势紧迫,但小白的心也放下一半了。

因为曾经共事,众将都知道鲍叔牙心直手狠、嫉恶如仇,又是齐王手下的大红人,没人敢不听命令。很快左中右三军安排妥当,大家摩拳擦掌只待开战!

没想到,此时齐国大夫东郭牙的一个计策却改变了这场大战的进程。

东郭牙认为鲁军远道而来,肯定先找水草充足的地方安营扎寨,齐军只需事先在那个地方埋伏好,剩下的就好办了。

鲍叔牙连声称好。打开地图,一个地名映入眼帘:乾时,就是这了!

一支奇军长途奔袭,向鲁军后方绕去。大将宁越、仲孙湫各率一支人马埋伏在乾时的左右两方,鲍叔牙亲率五万大军正面迎敌。

其实鲍叔牙和众将都在担心一个问题,如果鲁军不在乾时安营扎寨,长驱直入会怎么样?后果很严重!鲍叔牙分出一半多兵力做埋伏去了,一旦鲁军兵临城下,埋伏的人马根本来不及回救,万一临淄城里有公子纠的同党(以管仲的能耐,不是没可能),他们里应外合,公子小白就死定了。

每个人都暗暗祈祷,鲁军在乾时安营吧。

鲁军来到了乾时,鲁庄公到了别人地盘上心里加了小心,直接打到都城粮草有可能供应不足,是不是先安营扎寨呢?正犹豫呢,管仲前来觐见,他

一语道破了事情的关键："小白新立，人心不稳，我们兵临城下造成紧张局势，里边肯定会发生内变。"攻城为辅，攻心为主，这就是高手。

鲁庄公心说你个扫帚星骗我还不够啊，上次你吹牛亲手干掉了小白，我居然跟傻子似的喝了几天庆祝酒。鲁庄公越想越气，阴阳怪气地说："我听你的？要是听你的公子小白都死了好几天了！"鲁庄公本来还犹豫，这下有依据了，管仲这个笨蛋说安营扎寨不行，肯定行！

管仲见鲁庄公坚持安营，知道事情不可挽回。打仗人家做主，没我的事还是躲远点吧。他带着公子纠在距离鲁庄公大军的后方二十里处安营。鲁庄公看他跑得那么远，心中好笑，管逃兵也就这胆了，看他那傻样。

鲁庄公不知道，此时齐国军营里耍心眼的高手不只一个。大家刚策划完在乾时埋伏的事，另一个阴人的计划又新鲜出炉了。

鲍叔牙召集众将商议对策："明天打仗咱不能单打独斗，雍廪你出战引出一个敌人来，只要把他弄到咱们军营里，大家就一拥而上将他拿住。"

其实就是雍廪不出来，鲁庄公也要找他，因为是他邀请公子纠来做齐王的，好不容易来了又反悔，还有周朝大夫的样儿吗？得谴责他！第二天一大早，鲁庄公听兵丁报告，雍廪前来挑战，鲁庄公这个气啊，有这么不要脸的吗？

鲁庄公带着大将秦子和梁子驾车来到战场。他一眼就看到雍廪耀武扬威的样儿："雍廪！当初你杀了公孙无知，求我送公子纠回来。我来了，你又反悔了，你还有信义吗？你知道廉耻二字吗？"鲁庄公越说火越大，大喝一声，"给我拿弓箭来！"鲁庄公射箭，在东周算得上一绝，就是到了现在，也是国家体育总局培养的好苗子。

雍廪一见鲁庄公拿弓就害怕了。他见识过鲁庄公打猎时的成绩，深知庄公箭法了得。但是临阵逃跑面子上有点过不去，于是当即摆出醒悟的样子："哎呀，我太不知羞耻了，我很惭愧。"话没说完，就像害羞的大姑娘捂着脸溜了。

鲁庄公喝令手下第一猛将曹沫："给我捉回来，弄死他！"曹沫挥舞着画戟驾着战车追了出去。雍廪跑了一段，觉得再跑下去会暴露意图，当即停下来又和曹沫打了几个回合，曹沫还没找到打架的感觉呢，雍廪就嚷道："好厉害啊！"撒丫子又跑了。曹沫在鲁国以勇猛著称，当然不会舍弃，发

疯般追了上去。很快雍廪不见了，身边的齐兵蝗虫般拥了上来，鲍叔牙在高处指挥：开弓放箭！若是普通军将，定是死在里面了。而曹沫左突右冲，身中两箭，居然逃了出去，果不愧为鲁国第一猛将。

鲁将秦子和梁子等了很长时间没见曹沫的影子，二将知道可能出事了，急忙点兵准备接应。这时只听战鼓雷鸣、杀声四起，齐将宁越在左，仲孙湫在右，鲍叔牙指挥中军，三路人马铜墙铁壁般压了过来。鲁军突然遇到袭击，一时间不知如何是好，当官的压制不住，很快士兵就四散奔逃。此时，鲍叔牙玩了狠招，下令："谁抓住鲁庄公，赏他万户人家的封邑。"万户！基本上是个小诸侯啊，多少辈子都吃不完。本来大家在战场上就是玩命的，有得玩当然想玩大的。刹那间，齐军一个个像中了魔法，疯狂地寻找鲁庄公。鲁庄公太好找了，他的车子上有绣字的黄旗。很快以鲁庄公的车子为中心，一个不断缩小的包围圈显现出来。鲁将秦子亲自跳上车去，将绣旗扯下扔到地上："再让你们找！"

谁料梁子捡起绣旗又挂到了车上，"你疯了！"秦子怒道。

"我引齐军，你护送老大走！"梁子将鲁庄公扶到了另一辆小车上，自己又跳上了鲁庄公的大车，向相反方向逃去。

宁越带大军将挂着绣旗的车子围了好几重，梁子再也逃不动了，他解去甲胄显出真面目："想找我老大吗？嘿嘿，他走远了。"

为什么鲁庄公能顺利逃脱呢？原因很让鲍叔牙郁闷——负责抄后路的部队下落不明。

鲁庄公带着残兵冲出重围逃了不到五里路，突然看见远处有一队人马杀了过来，心说这下跑不了了。仔细一看，带兵的是扫帚星管仲，原来管仲听说前方有事赶来接应。两方合兵一处，清点人数，只剩不到一万。管仲建议说："士气已丧，这里不能再久留了。"鲁庄公叹口气道："快撤吧。"

鲁军仓皇撤退，走了两天时间，鲁庄公稍微宽心，总算出虎口了。正想着，前边突然出现黑压压的一片兵车，齐军！鲁庄公无比郁闷，追兵也太神了吧，怎么还跑我前边去了。其实王子成父和东郭牙也很郁闷，俩人包抄后路跑过头了，所以找了一个要道安顿下来。

十一、龙归大海

危急时刻,曹沫大喝一声:"大王快跑,我曹沫就战死在此地!"手持画戟直冲东郭牙而去。秦子杀奔王子成父,管仲保护鲁庄公,公子纠在另一个老师召忽的保护下夺路逃跑。

敌人实在太多了,鲁军又只顾逃跑,很快鲁庄公就像百万彩票一样,又被齐兵盯上了。一红袍小将自后边紧紧跟住鲁庄公,眼看就要得手。鲁庄公心道,老虎不发威真当我是病猫啊。回手一箭,正中红袍小将眉心。一白袍小将又贴了过来,鲁庄公又是一箭,白袍小将也见了阎王。齐兵一直被这精湛的射技吓呆了,停了好一会儿才一起向鲁庄公围上去。

齐兵漫山遍野数不胜数,而且在此养精蓄锐好几天,杀气正盛。秦子没过多久便成了肉酱,曹沫本着必死的决心杀敌,左胳膊又中了一刀,仗着他皮糙肉厚,勇猛过人才勉强捡了条命。

此时最冷静的便是逃跑专家管仲了,他命令士兵把辎重、兵刃、铠甲和马匹,能扔的全给扔了,只带着两条腿逃跑就行。这招果然见效,齐兵争抢财物乱成一片,为鲁庄公的逃跑赢得了宝贵的时间。这条大鱼终于从网里露出来了。

鲁庄公逃出虎口,如惊弓之鸟,连残兵都来不及收拾,一直逃进鲁国。东郭牙带人一口气追到齐鲁两国边境,手下将领询问:"到边境了,还追不追?"东郭牙一撇嘴:"人都打跑了,还怕他一个界碑不成。给我追!"于是大队人马过了汶水,一直打到鲁国汶阳。

汶阳土地肥沃,物产丰富,众将请求发扬齐襄公留下的大肆劫掠的优良传统,东郭牙一口拒绝:"混账东西!本来就是我们的,抢什么抢!"随即下令兵士把两国界碑移到汶阳以西,将汶阳划归齐国。东郭牙满意地说:

"这样我们就能更好地保护汾阳的百姓了。"

鲁庄公回到都城还没喘口气，手下上来报告："汾阳被齐军占为已有了。"鲁庄公心中怒气翻腾，却也无计可施，只得无精打采地说了句："知道了。"打架打不过人家，讲理对方又不理睬，一口怨气只好硬咽下去。

齐国上上下下喜气洋洋，公子小白早朝百官称贺。正当大家都笑容满面的时候，鲍叔牙却阴沉着脸对小白说："公子纠还活着呢，他身边有管仲和召忽辅佐，一旦将来鲁国恢复元气，对您来说早晚是个祸害！"小白点头道："不错，您看怎么办？"鲍叔牙说："上一仗已经把鲁国君臣打怕了，我们趁机大军压境，逼着他们交出公子纠，现在是弄死公子纠的最好机会。"

此时小白最信任的人便是鲍叔牙，他下令全国军队由鲍叔牙全权负责。

其实鲍叔牙是有私心的，他不仅想杀了公子纠，还想找到自己的死党管仲。如今的鲍叔牙，位高权重，一人之下万人之上。但他牢记着当年许下的诺言，他要管仲坐到自己现在的位子上。这就是光明磊落的鲍叔牙。

此时管仲身在鲁国，鲁庄公若发现管仲是天下奇才，定会杀了他。但是如果鲍叔牙要求鲁国杀死公子纠，保全管仲，又必定会引起鲁国的怀疑。怎么办？鲍叔牙想出了一个计策。

次日，鲍叔牙率大军压境，驻扎在齐鲁两国的新国界线汾阳。

鲁庄公打了败仗，正在家里唉声叹气，突然大有臣惊慌失措地来禀报："紧急军情，齐国倾举国之兵打来，已经到了汾阳。"鲁庄公心里一扑腾："还没完啊，我能打的将领还在医院住着呢！这可怎么办？"

鲁庄公正急得转圈，又有大臣带来了一封信，鲍叔牙的信。

信的大体意思如下：尊敬的鲁侯，我这次来，不是打架的，而是讲道理来啦。你也知道这么个理儿，家无二主，国无二君。公子纠这个人自不量力，敢和我们大王抢国君的位子，既然他找死，我们就成全他。但是我们大王向来有关爱兄弟的美名，怎么舍得杀他呢，所以还是请您帮我们杀了他吧。另外，公子纠的师傅管仲和召忽跟我们家小白有不共戴天之仇，请你一定要把他们送来，我们要活剐了他们！

鲍叔牙心想，我把管仲和召忽放在一块说，鲁庄公就不会怀疑了。

鲁庄公根本没有心情怀疑，齐国大兵压境，他惊慌失措不知道怎么做

了。突然，他想起了智囊施伯，当初施伯说齐国混乱对鲁国是好事，自己偏要趟这个浑水，看来关键时候还得问他啊。鲁庄公找到施伯后把情况说了一遍。施伯沉吟片刻说："小白刚当上齐王就打了胜仗，人心已定，不会有人支持公子纠了。再说，齐兵已到国境线上，如果打的话，很可能吃亏。所以，公子纠……叫他去死吧。"

公元前685年的一天夜里，鲁将公子偃带领一队人马偷袭了生窦，公子纠没有见到第二天的太阳，管仲和召忽也被抓了，鲁庄王下令把他们关到笼子里送到齐国。

召忽是个一臣不侍二主的典型，鲁兵要把他关到栅栏里，召忽仰天大哭："当儿子要尽孝，当臣子要尽忠，公子纠死，我也不活了！"说完，砰地一声撞死了，鲜血溅到管仲的身上。管仲也学着召忽的样子，仰天长叹（他实在哭不出来）："自古贤明的君主，手下有死臣必有生臣，我要去齐国为我敬爱的公子纠鸣冤！"说完乖乖钻到牢笼里了。

管仲的一举一动都被一个人看在眼里，这人就是管仲的死敌——鲁国最聪明的人施伯。

三国周瑜曾有"既生瑜何生亮"的名言。这想必也是施伯的心声，如果施伯和管仲是共同辅佐一个君主，他们可能是互相敬重的好友，遗憾的是他们是不共戴天的敌人。

施伯隐约感觉到齐国有人在帮管仲，当然他万万没想到是大名鼎鼎的鲍叔牙。看样子有人举荐管仲，不能放他回去。施伯急忙找到鲁庄公说出了以下的话："管仲，此人天下奇才，若不死，必大用于齐，大用于齐，必霸天下！鲁国从此就成了跑腿的小弟了。"鲁庄公问道："你说该怎么办？"

"放了他为我所用。"

这是一个历史性的时刻，有了管仲，就有半个天下。

鲁庄公对管仲实在不感兴趣，那小子有什么本事啊，吹牛大王一个。他答道："他是小白的仇人，我要是留了，齐国的兵是不会退的。"

施伯见鲁庄公不接受自己的意见，只好另想办法："那就弄死他，不能让他活着回去。"

鲁庄公心里痛快了："这办法好，他上次忽悠我的时候就想杀他了。"

管仲在牢笼里焦急地等待着回齐国，但是迟迟没有动静。他忽然想起

了死对头施伯怪异的目光，心中开始忐忑不安，很快，狱卒送来好酒好菜：
"好好准备一下，明天送你归西。"管仲的命运再一次被推到了低谷。

此时鲍叔牙远在边境，已来不及解救管仲，但是他已在鲁国安下一颗棋子：送信人公孙隰朋。

公孙隰朋此行的目的可不是充当一个邮差那么简单，他担负着保护管仲的使命。临行之前，鲍叔牙告诉他说服鲁侯的方法，并语重心长地说："管仲要是死了，你也别回来了。"

公孙隰朋听到管仲要被杀的消息，急得发疯一般找到鲁庄公："鲁侯我告诉你，管仲曾经射过我家大王，大王发誓要亲手杀了他，你可不能动他，千万不能动他，你杀了他跟放走他一样(若以尸还，犹不杀也)，我们不撤兵！"鲁庄公一看，好家伙，跟管仲仇深似海啊，得了，我还是听你的吧。于是，把管仲关进囚车，派人送到齐国。公子纠和召忽的人头则放到精致的礼品盒里，交给公孙隰朋，公孙隰朋连声称谢。

管仲又捡了条命，他知道肯定是鲍叔牙派人暗中帮助。押送他的囚车在鲁国通往齐国的路上缓慢地行走着，若囚车速度过快过于颠簸，里面的人会不舒服。但是此刻的管仲却盼着囚车飞起来，尽快离开这是非之地，因为施伯不会善罢甘休的。

还蒙在鼓里的施伯现在很惬意，因为管仲要在鲁国处死，未来的齐国不会强大到哪儿去。没想到一个属下急急来禀报："老大又不想杀管仲了，已经押上囚车送往齐国。"

施伯跳了起来；"什么？快去见老大！"鲁庄公的宫殿里，施伯费尽了唾沫，从管仲来鲁国之后一件事一件事地讲，鲁庄公终于明白了，管仲还真是不简单哪！囚车走不远，派公子偃火速追捕，抓到后格杀勿论！

追兵扬鞭绝尘向管仲的囚车追去。

管仲看着赶车的车夫懒散的样子，知道自己大限不远了，他心生一计："小哥，我教你唱首歌吧。"

长路漫漫，车夫一个人正感觉无聊，有人教唱歌就唱吧。在此我们要声明，管仲同志是了不起的作曲家和作词家。不服的人可以查看管仲当时作的《黄鹄》词。

公子偃以极限速度追击，始终没有看到管仲囚车的影子，一开始他听路

上的人说：一辆囚车走得慢慢的，刚过去不久。后来，他听到路人说：一辆囚车跑得飞快，车上的两个人还合唱着一首豪迈的歌。公子偃忍不住大骂："真邪门了！"

对于管仲作《黄鹄》词唱歌加快行车速度的事，笔者很信服《列国志》的解释：凡人劳其形者疲其神，悦其神者忘其形。

囚车进入齐国境内，管仲仰天长叹："我今天重新活了一次(吾今日乃更生也)！"到了堂埠，管仲下车，早有人为他解去刑具。一个虬髯大汉飞跑着迎了出来，正是老友鲍叔牙！

十二、管仲为君射天下

管仲见鲍叔牙亲自迎接自己，心中很是高兴。他初入齐国，对小白当政后的情况一无所知。鲍叔牙是否已经举荐自己？小白的气量如何，是否还因为一箭之仇对自己恨之入骨？鲍叔牙对小白的影响力有多大？要知道这可是小白的地盘，他想杀自己可是轻而易举的事。

管仲颇有疑虑地问鲍叔牙："你为我除去镣铐，这事齐王知道吗？"这是试探性的问话。

"不知道，不过没事，我很快就举荐你。"鲍叔牙答道。

"哦。"管仲一会儿放心，一会儿紧张。鲍叔牙敢提前释放自己，说明他的权力很大。但是小白没有赦免我啊，他还等着在太庙把我一刀刀剐了呢。前几天，我可是想一箭射死他的啊！

当然管仲首先要解决的是名声问题，春秋虽然混乱，但那是一个崇尚"义"的社会，管仲背弃自己的主子投靠敌人，会受到舆论的唾弃，伦理学家们会说，人可以无耻，但不能无耻到这个地步。这个骂名是要背一辈子的。因此，人有时候要做作一下。

管仲看鲍叔牙身边带着随从，周围还有几个狱卒。感受他们足够可以把话传给后世的历史学家了，于是摆出沮丧的样子说："我不能保护自己的大王登上王位，现在却侍奉仇人。我太没用，召忽地下有知一定会笑话我的。"

鲍叔牙是个直爽人："成大事者不拘小节，你才高八斗，注定能帮助主公成就霸业，何必在乎那个呢！"管仲一副痛苦的表情，默然不语。他心里想的是，传闲话的都听着，我可自责过了，别再唧唧歪歪的啦。

鲍叔牙让管仲留在堂埠，自己赶回临淄面见小白。见了小白，他先是表示哀悼，而后又表示祝贺。小白纳闷了："哎，你这是做什么？又哭又笑的。"

鲍叔牙说："大王，公子纠是您的兄弟，我们为了正义事业杀了他，那是迫不得已，他可是王亲国戚，我敢不哀悼吗？"

"嗯，是这么回事，"小白说，"那你又因为什么事祝贺我？"

鲍叔牙说："管仲这个人是奇才，跟召忽那种傻子不是一个等次的，您得了一个好总理，我当然得贺喜了。"小白不高兴了："管夷吾上次射我的箭我还留着呢，他逼得我丧家犬一样满世界乱跑，我生吃他的肉都不解恨。再说，"小白话锋一转，"他要真聪明，怎么叫我给骗了？"鲍叔牙解释道："当时是各为其主，现在他辅佐您，可不是仅仅射带钩的事了，他能为您射天下！"小白无心再听了，他对管仲的事迹略有所闻，心道，可能我的老师和姓管的以前是好朋友，所以故意夸大姓管的优点以保全他的性命，我的老师太伟大了，给他个面子吧。因此说道："那就听你的，赦免他（寡人姑听子，赦勿诛）！"鲍叔牙不好再说什么了，再等机会吧，回府后命人将管仲接到都城，两人促膝长谈，昼夜相处。

小白要封赏拥立有功的大臣，为他通风报信的高傒、提前倒戈的东郭牙和公孙隰朋等人都得了封地。接下来就是国家总理（相国）的职位了，大家知道非鲍叔牙莫属。因为他是小白最信任、最了解的人。

没想到鲍叔牙拒绝："对不起，我不干。"

小白纳闷了："您有这个能力啊。"

鲍叔牙说："大王啊，真正的相国应该是内安百姓，外抚四夷，使得在周王面前您最大，诸侯之中您最强，国家比泰山还稳定，君主享受无边的福分，这才是帝臣王佐之才啊！"

小白听得口水都快出来了。人都有喜好，他最大的喜好就是权力，是称霸！鲍叔牙几句话开启了他沉寂多年的称霸之心。"爱卿，当今之世真有这样的人吗？"

"管仲正是！"

小白皱了皱眉头，心说又来了。

鲍叔牙没有理会小白的表情，详细地论述了管仲怎么比自己强。

小白不想太伤心腹大臣的心，于是说道："好，那我就见见他，看他有

什么学问。叫他来吧。"

鲍叔牙急了："大王，咱又不是买牲口，给钱就牵过来了。你得正式点，这是治国奇才啊。"

小白一想，可也是。于是命人算了一卦，找了个好日子，迎接管仲。

到了那天，管仲见小白的仪式比娶新娘还要隆重。洗了三次澡，穿上了级别最高的大夫的衣服。小白亲自带领群臣去管仲住处迎接，人们个个目瞪口呆，齐侯前段日子刚叫人家射了一箭，今天居然这么恭敬地迎接仇人。这是齐侯吗？不是被射傻了吧？

小白没有在意那些，他在意的是管仲是不是真像鲍叔牙说的那么神。因此管仲坐下后，他一句也没客套，直奔主题。

这是一次史上最强的面试，面试人曾经谋杀过面试官，面试官曾经忽悠面试人。面试职位也相当诱人，一旦录取就是国家总理。

小白："我先给你讲下目前的情况，我爷爷齐僖公时，国家治理得不错，被称为春秋小霸。到了我爹齐襄公，政令反复无偿，老是忽悠老百姓。因此轮到我上任的时候国家有点乱。你说该怎么办？"

管仲："先普及礼仪廉耻的文化，人和人分好等级，所有的礼仪廉耻都服务于等级，最高等级就是您了。经过一定时间的洗脑，您就能用礼仪廉耻这四字缰绳把老百姓给拴起来，有时候统治和驯牲口有一定的相似之处，都是先定规矩。"

小白："那怎么让老百姓听我的话为我办事呢？"

管仲："这个跟人际关系一样，先给他们甜头，把感情处好了，然后再提要求，他敢不答应？他好意思不答应？"

小白："怎么给甜头啊？"

管仲："第一，提倡集体主义，做事一个宗族的一块做，发薪水一个宗族的一块发。那样老百姓之间就比较亲近，亲近了就比较和谐。

第二，把长年关在监狱的老犯人放出来，为没有子孙的聪明人立牌位，重视族谱，多生孩子多养猪，人多力量大。

第三，少用刑罚，别动不动就把人家弄个缺胳膊少腿，那样不好。少收税，老百姓手头有钱了就会记住你的好。

第四，聘请会讲大道理的人免费给老百姓提供教育，他们自然要感激

你，顺便把洗脑的活也干了。

第五，颁布命令后，别随着你的性子改，你爹就是这样惹祸的。你坚持五十年不变，老百姓心里踏实，慢慢就信任你了。"

小白："您说得很对，我想让社会安定点，集中精力对付其他诸侯，有办法吗？"

管仲："那就让老百姓少折腾。全国百姓分为士、农、工、商四个行业，士的儿子永远是士，农民的儿子永远是农民。不准他们转行。时间长了，他们习惯了，心就不野了。人口不流动，社会就很和谐了。"

小白："嗯，不错！这样内部稳定问题就解决了。那武器不够怎么办？"

管仲："正常渠道解决不了。走走偏门吧！"

小白："啥意思？"

管仲："跟罪犯做交易，允许他们用武器赎罪。罪越重我们要的武器越好。质量差的武器我们还可以重新熔炼，做农具，补贴农业发展。"（这真是骇人听闻的军火交易，不得不佩服管仲的想象力。）

小白："太好了！但是武器有了财政又该怎么办，你还不让我多收老百姓的钱，国库空了怎么打仗？"

管仲："你光想拔老百姓的毛，早晚都会拔光的。我们这有山有海，我们凿了石头卖给平原的人，临海建盐池，这两样东西全天下的人都想要，卖到哪儿都是畅销货。我们还要做投机商，专门囤积价格便宜的东西，等贵了再卖出去，这不就是钱吗？"

小白乐得合不拢嘴："嗯嗯，有意思，有意思。"

管仲："我还没说完呢，我们弄上七百个美女专门陪过往商人玩乐，让他们到了齐国就像回到家一样。加上咱的货便宜，商人会不断地增多，我们再狠狠抽他们一笔税，军费就有了。"

小白："嗯。那打仗呢？我们的兵太少！"

管仲："大王，这方面您可真外行了。兵重要的是精，不是多。强兵这种事我们得偷偷地干。"

小白："这种事藏不住吧。"

管仲："呵呵，小意思，我们以管理政务的名义增强军事。"

小白："这是什么意思？"

管仲："全国分为二十一个乡，所有乡都保留一定数量的农业人员，六个乡重点发展工商，十五个乡重点发展军事。"

小白（兴致勃勃）："怎么发展军事？"

管仲："这十五个乡专门培养战斗人才，他们从出生到死，任务就是学习打仗——打仗——培养打仗人才。每五个乡组成一个军，每个军一万人，共三万。军队的编制和地理行政的编制相统一。也就是说他们既是战友又是亲兄弟、邻居和族人。居则同住，喜则同乐，死则同哀。一句话，这三万人的军队是周朝最恐怖的军队，足以横行天下。"

小白："太酷了，那时我就成了霸主，征服天下诸侯！"

管仲："为时尚早，还有两个障碍没有铲除。一是周王室还没有承认你，而且邻国也不服你。所以你得摆出尊重周王的姿态，另外归还侵占邻国的地盘，没事多亲近他们。摆平了他们，我们再纵观整个周王朝，开始找茬。其他诸侯做得再好，也难免有疏忽的地方。我们抓住他们的小辫子，攻打他们，抢占他们的地盘。要是有淫乱篡位的，就以维护正义为借口起兵灭了他，让其他诸侯知道我们的厉害。到那时，天下诸侯都得拜倒在您的脚下！"

小白彻底服了！管仲，神人啊！

录取。

据说这场面试进行了三天三夜，两人字字投机，小白热血沸腾，都没觉出困来。

小白开始看不起管仲，所以见管仲前没有斋戒。两人聊完后，小白猛然醒悟，眼前的人是个宝贝，于是重新斋戒三日，跑到太庙祷告一番，恭恭敬敬地准备拜相。

没想到，收到录取通知的管仲却不想干了。

十三、肉贩子曹刿

　　小白见管仲坚决推辞自己的任命，大为惊讶："管老师，聊了三天治国之道，你撂挑子走了怎么可以呢？这活儿没你干不了啊。"

　　管仲说："大王，治国是个集体活动，有前锋，有后卫，我一个人干不来。"

　　小白明白了，这是给我提条件呢，行啊说吧。

　　管仲拿出一个新的政府高官名单：人事部长公孙隰朋，农业部长宁越，国防部长王子成父，司法部长宾须无，监察部长东郭牙。

　　新名单里提的几乎都是齐国的顶级人才，这是齐国内部的一次大换血，几乎涉及了整个齐国高层部门。还没上任的管仲提这样苛刻的要求，小白会答应吗？

　　没想到他右手一挥："同意！"

　　下令齐国所有政事，要先问管仲，然后再问他（有所实施，一凭仲父裁决）。

　　从此双剑合璧，管仲开始掌管齐国国政，小白尊称他为仲父。把所有权力交由一人是有风险的。此举就是从感情上打动管仲，况且小白这样恩待管仲，即使管仲谋反，东周的诸侯也不会容他。

　　我对你越好，我就越安全。

　　过了几天，小白借故喝退身边人，红着脸对管仲说："仲父，我这人好色，这对称霸没有害处吧？"

　　管仲随口答道："没事，只要会用人，用人不疑，就不会有碍你称霸，尽情去找漂亮妹妹吧。"自此小白每次出门身边都带着美女，即使带兵深入不毛之地攻打北戎，身边也没有少过漂亮小妹。对于好色的人来说，这大概

就是传说的福气吧。

其实公子小白有胆识，敢放权，本就是人才的一种。

但是小白也有他的缺点，他太年轻。现在，国君的权力和治国的奇才他都有了，小白以为自己已经离霸主的位子不远了。他想找个国家敲打一下，显示自己的霸气。

正巧有人来报，鲁国最近很不平静，天天大阅兵，好像是为复仇做准备。公子小白不乐意了，鲁国还敢复仇？都被我们揍成那个熊样了。既然不仁就别怪我不义，出兵，再打鲁国。理由是鲁国好像要报仇。

命令刚下，管仲就出来阻止了："国内的变革还没开展，军队没有很强的战斗力，这时候不能打。"小白不听，我们明明把鲁国打败一次了，这回没问题。此时小白和管仲正处于磨合期，小白像个不听管教的小牛犊："仲父您很厉害我承认，但是您也不能忽略我的本事啊。"

管仲的反应很明智，保持沉默。刚刚和小白相处，尽管小白给了他很大的权力，但是他们的关系其实很微妙。如果以死相谏或许能成功，但那样做会让小白觉得受到束缚。结果只有一个：被小白除掉。放任小白去做，则恰恰相反，我已经提醒你了，最后你打了败仗只会想起我的好建议，不会怪罪我。

小白很快找到人干这个活，鲍叔牙。老鲍很高兴地接受了任务，指挥大军攻入鲁国境内，打到了长勺。

这时候鲁庄公的心情只能用气炸了肺来形容。地被你们抢走了，人也叫你们杀了，我在自己家院子里锻炼身体，又惹你们齐国不高兴，敢情欺负人还上瘾了！

生气归生气，架还是要打的。鲁庄公苦着脸找到施伯："我是真打不过他们啊，你看怎么办？"

施伯很冷静地说："有一个人能帮你打赢这场架。"

鲁庄公对施伯很信任，听了这话心里顿时轻松了："你现在就去把他找来。"

施伯道："他只是个卖肉的。"

鲁庄公急了："就是要饭的你也得叫来，都什么时候了还说这个。"

那个人就是大名鼎鼎的曹刿。

施伯找到曹刿的时候，他正在割一块肉，施伯把事情告诉了他。

曹刿早就对鲁国的那帮将军看不上眼，一个个穿着铠甲跟个人似的，干啥啥不行，吃啥啥没够，尤其是那个曹沫，彪呼呼的，整个一愣头青的标本。战争是艺术，不是混黑社会拿刀对砍。

"那些达官贵人都没办法，我算哪门子葱啊？"曹刿说道。

施伯听出了酸味，笑道："如果你有办法，很快就是达官贵人了。"

曹刿扔下杀猪刀，擦了擦手，跟着施伯进宫当将军去了。机遇很重要啊！

鲁庄公见了曹刿的第一句话就问该怎么打。曹刿冷静地说："兵事都是随机应变，这种事不是提前说得准的。请借我一辆兵车，我隐藏在队伍里，为您出谋划策。"鲁庄公觉得曹刿的话够内行，让人很放心，于是邀请曹刿同乘一车，带领军队开赴长勺。

公元前684，即鲁庄公十年，载入史册的长勺之战爆发了。

鲍叔牙得知鲁庄公带着前段日子的残兵败将来迎战，很不以为然，下令手下众将摆兵布阵，一时间旌旗招展，齐兵个个精神抖擞。鲍叔牙的确有资格藐视鲁庄公：论兵力你不如我多，论战将你不如我强，论智谋你鲁庄公不过是个二把刀，怎么跟我比！老鲍合计着，打完这仗再弄他一块地，回去后大功一件。可是鲍叔牙没有料到，现在的鲁军里面出现了他的克星——一个刚刚还在卖肉的家伙。

在鲁庄公眼里，曹刿只是他在淹死前抓住的救命稻草，有可能一拉就断，不过总比直接淹死强吧。曹刿有点本事也说不定，但是要求一个卖肉的放下杀猪刀指点江山，鲁庄公还真不敢奢望。

就在鲁庄公左思右想的时候，齐军阵营里突然鼓声震天，人喊马嘶。鲁庄公打了个激灵，随即下令手下鸣鼓迎敌。没想到曹刿却阻止道："不要鸣鼓，齐军士气正盛，硬碰硬我们死定了。"

鲁庄公焦急地看着曹刿，期望他能想出好主意。哪料到曹刿慢悠悠地道："守住阵营。"鲁庄公一阵晕眩，站着不动叫人家打，这也算好主意？

齐兵自齐僖公时，连续三代不断征伐，当兵的都是战争老手，加上鲍叔牙治军有方，这样的攻势如果阻挡不住，顷刻间鲁军将会一败涂地。鲍叔牙又添了一把火：先攻入鲁军阵营者，重赏！齐军如一只下山的猛虎，以千钧

之力扑向鲁军。

这时候曹刿的眼神突然变得充满了霸气，他扫视一下鲁国的军队："有敢喧哗者，斩！"此话犹如一把利刃斩断了鲁国士兵胆怯的念头。左右也是死，拼了！所有的鲁国将士不再心有旁骛，而是全力迎接鲍叔牙这致命一击。

鲍叔牙看部队的攻势犹如万马奔腾，心中不由豪情万丈："哼，冲垮胆小的鲁军。"可是慢慢地他傲慢的眼神出现了一丝疑问，齐军又跑回来了？老鲍做事向来不服气，击鼓再攻！令旗一挥，齐军潮涌般再次冲向鲁军，鲁军阵如铁桶，纹丝不动！在这关键时刻，鲍叔牙做出了关系全局的错误判断：鲁军怯战。

主帅都这么想，当兵的更别说了，大家心情一下子放松了。

鲁军很不爽，齐军的第一次冲锋令他们恐惧，毕竟上次被打惨了，多少有点心理阴影。挺过齐军第一次攻击后，鲁军找回了信心，第二次攻击后鲁军的士气却发生了变化，每个人都跃跃欲试，齐兵不过如此，我们不能老挨打呀。

鲍叔牙下达了第三次击鼓攻击的命令：鲁军吓尿裤子了，这一次踏平他们。齐兵拎着刀慢悠悠地跑向鲁军阵地——反正那帮软脚虾不会反击。

这时，所有的家仇国恨和屈辱一起涌向鲁国人的心头，抢我们的地杀我们的人，鲁国的地盘像你们家炕头一样随便转悠，真当我们手里拿的是烧火棍吗？

曹刿眼中寒光一闪，回头对鲁庄公说："败齐在此一举，击鼓！"鼓声震天，解封了鲁军压抑已久的杀气，每个人都成了出笼的野兽，刀砍箭射，均是迅雷不及掩耳之势，齐兵这才想起自己是在打仗，不是意淫。突然遇到这种反击每个人都是大出意料。鲁军犹如天上的巨槌砸到齐军队伍里，眨眼间，齐军队伍七零八落，四散奔逃。

十四、三国大会战

鲁军士气堪比奔腾的黄河水，人人杀红了眼，数百辆战车早已奔驰而出，准备追杀逃亡的齐军。鲁庄公更是身先士卒，作为一个男人，尤其是一国之主，今天就是洗刷耻辱的日子！

突然，一个冷静的声音传入耳中："大王，不能追。"倘若说这话的是别人，鲁庄公肯定把这个胆小的家伙先踹两脚再说，但是说话的这个人是曹刿。此时的曹刿已然成了鲁庄公心目中的超人，这人太神了，比魔法师还强悍，没见怎么着我们就赢了。鲁庄公心里着急，嘴上却恭恭敬敬地说："先生，怎么了？"曹刿跳下战车："我要看看。"

数万名刚刚杀完人的将士，因曹刿一句话都止住了脚步，犹如刚被放出牢笼的野兽，被硬拽了回去。数万双带着杀气的眼睛看着他在齐军摆阵的地方东瞧西看，包括鲁庄公在内，大家都在琢磨一个问题："他在干什么呢？"

曹刿在战场上边走边看溜达了一圈，又跳上战车，翘着脚往齐军逃跑的地方看。鲁庄公心里想，难不成要目送齐军回国？冷不丁听曹刿大喊一声："大王快追！"鲁庄公早按捺不住，急速下令：追！

齐军已经逃出一段了，还追得上吗？如果能体会到鲁国人那段时间所遭受的屈辱，就不会问这个问题了。鲁庄公亲自带阵，驱车飞速前进。鲍叔牙是个精明人，知道大势已去，带人逃出十里地才敢停住，哪知后边鲁军竟然铺天盖地席卷而来。老鲍又逃出十里，回头一看还是喊杀声震天！齐国败兵不禁心中暗骂：我们都败惨了，至于这么玩命追吗？

这场追击战，鲁军一口气追出三十里，齐军完全没有还手能力。战利品和俘虏更是数不胜数，以至于当时的史官用"缴获无数"（所获辎重甲兵无

算）这个词来概括这场战役。事后鲁庄公问曹刿为什么当时不让追,曹刿答道:"齐国人很狡猾,我担心他们玩计中计,再次假意退败,因此我查看他们逃跑时的车印和军旗摆放,如果整齐如一的话一定是有埋伏,那样我们就不能追了。"鲁庄公心道行家就是行家啊,我这业余的没法跟人家比,以后就用他了!

小白此时正在齐国搂着漂亮妞和管仲聊天。他有句名言:要是没有女人陪我睡觉,一晚上比一年还要漫长(寡人独处一宵,如度一年)。他的计划很完美,管老师负责管家,鲍老师负责打架,把鲁国彻底打服了,再找几个欠揍的诸侯扁一顿,最后就称霸。外边的美女多啊,到时候可以家花野花一块儿养了。

正在小白得意洋洋做美梦的时候,突然紧急军情来报:齐军大败!小白从云彩上啪的一声摔了下来:"开什么玩笑?"

就像歌曲《冲动的惩罚》里唱的:它来得那么快,来得那么直接,就算我心狂野,无法将火熄灭。

小白欲火没点燃,怒火却着了起来!他虽然是个光明正大的色狼,但他更是一个以成就霸业为终极目标的色狼,谁阻了他的称霸之路,都是死路一条,即便是鲍叔牙,这回也要见识一下他的霸气。

鲍叔牙已是骑虎难下,再去打鲁国是不可能的了。齐国刚刚伤了元气,总不能带着断胳膊少腿的士兵去打仗;不打鲁国,即使小白不惩罚他,上朝的时候看着小白阴沉的脸,也够鲍叔牙受的。更要命的是,老鲍还要向小白解释失败的原因。换句话说,一向自负的老鲍要回答:为什么这次战败不是他的责任。

果不其然,小白一见到鲍叔牙就气呼呼地问道:"这次败得那么惨,诸侯谁还拿我当回事?!"鲍叔牙小心翼翼地说:"其实吧,齐国和鲁国都是千乘之国(我们势均力敌,所以战胜它很困难),打起仗来谁是主场,谁就占优势(因为鲁国是主场,所以我们败了很正常,跟我没关系)。"

小白忍住火气问:"你说怎么办?"小白的意思很明确,我不惩罚你,也不关心理由,但是惨败我是不能接受的,我要结果,结果!

老鲍笑了,因为他刚从管仲那请教了一个办法:"我们联合宋国,二打一就可以搞定。"

小白立刻批准，当即写了书信，派使者带着珍贵的礼物前往宋国，拜会宋闵公。

小白的信上是这么写的："我刚当上君主，因为工作太忙没来得及跟您打招呼，现在派人前来拜会。顺便说一件小事，最近我国总是被蛮横无理的鲁国欺负，作为朋友你派点兵，咱们合伙扁他一顿。"看了小白的信，宋闵公很是高兴。以前宋国就跟着襄哥混，占了不少小便宜。小白当政后，宋闵公一直想找机会讨好，结果没巴结上，这回机会来了。为了表示够意思，宋国派出了战神级的人物，南宫长万。

如果说鲁将曹沫有点彪的话，那么南宫长万就是曹沫的升级版，号称有触山举鼎之力，到奥运会上举重跟拿筷子一样轻松。有意思的是宋将里指挥打仗的都是这种单细胞生物，南宫长万最器重的手下猛获，也是力大如牛打起仗来不要命的主儿。

宋两国大军一会合就攻入鲁国境内，直接杀奔鲁国都城。

庄公差点没郁闷死，心说小白啊小白，你也太牛了，打不死捶不烂，我刚挽回面子想吹吹牛呢，你又来打我了，阴魂不散啊！

鲁国，朗城。数万人马聚集于此，人仰马嘶好不热闹。鲍叔牙率大军屯于东北，南宫长万带宋军驻扎于西南。

鲁庄公身边虽然有曹刿护驾，但心里始终没底。鲍叔牙实在太聪明了，宋齐两军夹击鲁军。好比跟两个人打架，不管鲁军打哪个，另一个都会抽冷子从后面踹你一脚，保不齐还给你一刀子。如果分兵抗击，正犯了兵家大忌，鲁军数量太少了。鲁庄公仰天长叹："鲍叔牙你太卑鄙了，什么时候我也能卑鄙一回啊！"

此时一员鲁将骑白马在齐宋两军阵前，走走停停。南宫长万大怒，这人也太嚣张了，纯属找刺激！下令猛获带人教育教育他，猛获兴奋得热血沸腾，刚要出动的时候，那人却像事先得到信息一般，纵马离去。此人正是本场大战的主角——曹刿一贯藐视的"肉食者"——鲁国大夫公子偃。

公子偃入城之后，径自找鲁庄公请战。

十五、公子偃的黑夜作战

"请大王给我一批人马，只要我们打败南宫长万，剩下元气大伤的齐军，自然不攻自破。"

鲁庄公皱着眉头："创意挺好，但你根本不是南宫长万的对手（汝非长万敌也）。"

公子偃微笑着说："不要紧，让我试试吧。"这话说着轻松，一旦失败，那就得搭进一条命。南宫长万属于张飞那种类型，擅长万军之中取上将首级，战场上讲究的是兵对兵、将对将，公子偃那养尊处优的小身板儿撞上南宫长万，绝对是弹指间魂飞魄散。

鲁庄公同意与否的念头像硬币的正反面，瞬间翻了十几遍，最后一咬牙："好，我在后面接应你。"鲁庄公也是想好了退路的，万一南宫长万一戟把公子偃给灭了，他赶紧带兵往回跑。

最让众人担心的是虎视眈眈的鲍叔牙，战场上最可怕的是对手隐而不发，更何况对手是老奸巨猾的老鲍。因此，鲁庄公统帅大军，只给公子偃一支小部队，以防万一。出兵之前大家都在心中为公子偃默哀。

午夜时分，公子偃集结了人马，他为军队准备了一条特殊的装备，虎皮。

当时的山东老虎可不像现在这么珍稀，公子偃轻而易举就搞到几百张虎皮，然后披在战马的身上，同时找一些嗓门大、声音有穿透力的士兵等候命令。一队人马乘着夜色出城，逐渐靠近南宫长万的大营。

大军行动难免会有动静，搞笑的是公子偃的人马到了宋营大门口，居然都没被宋兵发现。这正是公子偃想要的结果，他事先亲自查探军情，发现鲍叔牙的部队军纪严明，阵容整齐。而南宫长万的部队则是吊儿郎当，更像一

支抢东西的土匪队伍。倘若是劫鲍叔牙的营地，就是给十个胆他都不敢，因为南宫长万那个战争疯子一旦带兵包抄，他就别想再回朗城了。而南宫长万的部队在他眼里更像一只待宰的羔羊，夜间袭击也能避免和南宫长万当场对阵，现在是宰羊的时候了。

公子偃悄悄下令：点火，击鼓，开门放老虎。宋军士兵到了异国他乡，晚上本来就精神紧张，突然看到四周火光冲天，一队猛虎咆哮着闯进军营，看起来竟然有一百多头，那个害怕劲就别提了。东周时荒芜土地多，老虎吃人是常有的事。尤其在夜间，普通士兵很难察觉出是假的，更何况还有火光、鼓声扰乱视听。一时间，胆大的宋军撒丫子就跑，胆小的当场昏厥。果然如公子偃所料：白天有多横，晚上就有多笨。

南宫长万听到帐外混乱，胡乱披上衣服，手握大戟就冲了出来，大喝一声：准备迎敌！仔细一看，身边哪里还有宋兵的影子？自己转眼就成了光杆司令。他虽是天不怕地不怕的战神，但也知道一个人单挑一支部队是不可能的事，无奈之下只得登上战车追随逃兵而去。

其实公子偃这支人马只有几百人，根本不是宋军的对手。

很快，鲁庄公接到信号，带大队人马与公子偃合兵一处。现在的问题是追还是不追？不追，宋兵弃了营寨，实力尚存，第二天醒过神来肯定卷土重来。追，被鲍叔牙断了后路，两下夹击怎么办？鲁庄公一咬牙，做事做到底，连夜追击。于是任命公子偃为前锋追击宋军。

每一支部队都有自己的作战特点，鲁军的特点就是像疯狗一样穷追死咬，非把你整得精神崩溃了不可。长勺一战，宋军的大部分实力就都损耗在鲁军的追击战中。在漆黑的夜里，前边的宋军摸黑深一脚浅一脚，能跑多快跑多快，后边的鲁军点燃火把，催动坐骑，能追多远追多远。终于截住大部队的南宫长万彻底爆发了，在乘邱重新集结部队，要与鲁军决一死战（今日必须死战，不然不免）。

只要能牵制住鲁军，单等鲍叔牙抄后路就没问题了！打了大半夜的仗，鲍叔牙在干嘛呢？

从公子偃发动攻击的那一刻起，鲍叔牙就知道这个消息了。俗话说兵怂怂一个，将怂怂一窝。齐军里但凡挑出一个将领都比南宫长万治军能力强，王子成父和东郭牙等大将火速整装待发。鲍叔牙的大帐里气氛紧张，早已按

捺不住的将领们只待老鲍一声令下，就马上起身杀奔宋营。

老鲍背着手不断地来回走着，思维飞速转动。

鲁军会不会假意劫营，引我们过去呢？黑灯瞎火半路上遭了埋伏，死都不知道怎么死的。鲁庄公该不会等我出去，再劫我的营吧？老鲍猛然一抬头，下令严守营盘，宋营有什么消息及时报告。随后，背着手回去睡觉去了。

鲍叔牙是个二手战争艺术家，他不像管仲那样从自身内部着手，使齐军战斗力积聚到最高点，一个战略就能保证几十年间战争的胜利。但是在具体的作战中，指挥艺术也能跻身高手之列。简而言之，就是比泥鳅还滑溜，只占便宜不吃亏。以多打少，以大打小，背后下黑手，半路上打闷棍，这些技术老鲍实在太在行了。

南宫长万若知道此事，定会问候老鲍他全家的。此时，南宫长万已经开始了自己的"斩首"计划。

停止逃跑的宋军刚稳住神，后边的追兵就到了。南宫长万看到最前方的公子偃，气就不打一处来："这小白脸太狂了，劫营就是他带的头。猛获你去截住他，干掉！"猛获得令之后，像饥饿的野狼一样扑向公子偃。他本来就勇猛强壮，一打架就兴奋，更何况公子偃是诸侯子弟，贵族出身，脸上一股柔弱气，杀死他还不是轻而易举？哪知公子偃毫不畏惧，策马迎了过来，两人打得不分上下，人的能力有时不能按贫富论啊。然而公子偃没想到的是南宫长万真正的目标是鲁庄公。

战神出手了！

十六、战神南宫长万

南宫长万在东周名声显赫绝不是虚有其名，谁把他当成好欺负的白痴，一定会付出血的代价。

鲁庄公的后队到乘邱立足未稳，南宫长万驾战车杀入鲁军阵中。他手中的戟又重又长，戟尖雪亮，宽而锐利的侧枝可勾可刺，若是常人可能会觉得侧枝影响戟尖的刺杀力度，可是到了南宫长万这个天生神力的人手里，杀伤力何止增加了几倍。战车过处血光四溅，扎上人人死，碰到马马伤。很快鲁军像是约好似的，凡是南宫长万经过的地方再厚的人墙也会闪出宽阔的通道。而这条通道直指鲁庄公！

鲁庄公见此情形不禁打了个寒战，情形不对啊，这野人明显想过来弄死我。再看身边的人一个个嚷着保护大王，却没一个敢上。有的将领故意去砍杀其他宋将，就好像没有南宫长万这个人似的。鲁庄公心道再不想办法，半炷香之后就可以给我开追悼会了。

倘若不是战场混乱，鲁国人都可以清晰地看到老大脸上的惊恐。数秒钟后，鲁庄公笑了，他突然想到了一个人，戎右歂孙生。

戎右是战车之上最能打的人，精通近距离短打格斗，而军队所有戎右中的王牌会被安排在君主的身边，其角色相当君主的特等保镖。歂孙生就属于这样的戎右。

鲁庄公微笑着对歂孙生道："你在军中号称第一力士，敢和南宫长万一决胜负吗？"歂孙生真想大吼一声，不能。傻子都看得出来，南宫长万是挑着死人堆过来的。歂孙生力气大那是在小小的鲁国，南宫闻名于大周，这好比中学校花跟世界小姐比美，这点自知之明小歂还是有的。但是不去结果也是个死，鲁庄公明显想让他出战，军令如山倒。就像广告词里说的：男人，

得对自己狠一点。歂孙生心道，老子和你拼了！

一言不发，挺起大戟冲向南宫长万。这已不仅仅是两个人的打斗，其的结果关系到这场战斗的胜负，鲁军将领们知道歂孙生不行的话，鲁国无人再是南宫长万的对手。两国将士的注意力一下子集中到两个天生神力的人身上，因为这是东周少见的重量级比赛。

两人交锋好比初一新生跟高三毕业生打架，根本不是一个档次的，歂孙生像一只笨鸭子，左抬右挡，好几次险些丧命。鲁国人羞得想钻到地底下去，这还是鲁国最强的战士呢！另一边公子偃渐渐气力不足，驾着战车转起了圈，紧追不舍。宋军士气大增，战局开始逆转。鲁庄公没有慌乱，相反他气定神闲。歂孙生只是一枚棋子，只要他能抵挡几分钟，鲁国就胜利了。

鲁军中忽然传来一声断喝："取我金仆姑来！"

仆姑是一种箭，传说鲁国一个仆人的姑姑成仙后所留，故得此名。清人有诗云：和璧三寸廉且腴，冷光射人金仆姑！可以肯定当时只有鲁国贵族才会有这种杀伤力惊人的箭。这支金仆姑的主人便是东周有名的神射手鲁庄公。大家都知道，鲁庄公是那种回手一箭就射中眉心的主，他想要的只是把握再大一点，让歂孙生把南宫长万由活靶变成死靶。

鲁庄公弯弓搭箭，箭头对准了南宫长万的头颅。

作为领导者爱才之心总是有的，鲁庄公不喜欢管仲那样的天才，对南宫这种木材还是蛮中意的。心念一动，手一压，向南宫长万的右肩射去。

南宫长万猛然身体一震，右肩疼痛难忍，手再也抬不起来。但战神毕竟是战神。不就是疼吗？老子把箭拔出来！随即左臂往后一伸，攥住箭羽就要用力。歂孙生在旁边拿着大戟都看傻了，愣了好一阵才反应过来，心中嘿嘿一笑，刚才出尽了丑，现在终于可以大显威风了。歂孙生举起大戟，冲着南宫长万屁股上肉多的地方就扎了下去。大家不要忘了，小歂本事再差也是万人中挑出来的大力士，卯足劲一戟扎下去，效果可不等同于打针。南宫长万扑通一声翻下车去，左腿跪地就要起身。小歂也是让南宫长万给打怕了，说什么也不让他起来，把自己的大戟一扔，扑了过去。左手按住南宫的脖子，右手死命地往下按南宫的箭。南宫心道，孙子！够损的。腿下用力，不顾疼痛，硬是把歂孙生掀下身去了。

身负重伤的南宫长万再次要站起来，但是他忽略了一件要命的事情：他

冲锋太快，孤身处于鲁军阵营中。

南宫长万负伤之前，鲁兵惧他如虎，离他十步之内都觉得生命受到严重威胁。等看到南宫画戟脱手，肩中金仆姑，屁股上一个血窟窿，登时都放宽了心，瞬间温顺的小绵羊一个个都成了纯爷们。七八个身影扑向南宫长万，将他压得死死的，一个鲁兵在南宫屁股伤口处猛踹两脚，将战神踩在了脚下，顿觉大有英雄好汉的气概。南宫长万此时若死了，肯定是憋屈死的。

战场另一边的猛获正急追公子偃，正觉得胜券在握的时候，公子偃突然拨转马头，又冲他杀了过来，猛获心中疑惑：这不是飞蛾扑火吗？喜滋滋地不经意回头看了一眼：咦？老大没了！这才醒过神来，掉转战车，撒丫子逃去。战局有了戏剧化的发展，变成公子偃追逐猛获。事实证明猛获逃跑还是很有实力的，一口气就跑回了宋国。

鲁军大获全胜，鲁庄公高兴得简直要飘起来。人逢喜事精神爽，如何使胜利的气氛更加热烈呢？当然是押上战俘助兴了。战场上一片狼藉，死尸遍地，鲁军战士刀刃上鲜血未干，杀气未散。鲁庄公喝道："将南宫长万押上来！"

以胜利者的姿态践踏战败者的尊严，鲁庄公要好好享受东周战神在他面前俯首称臣的快感。

鲁庄公傲慢的目光在接触南宫长万的一刹那，猝然被冰封了一般，呆住了。倘若不是南宫背上那深入骨髓的一箭，他已认不出眼前的血人是谁。

南宫长万傲然站立！

鲁庄公作为箭术大师，深知金仆姑的威力，旁边看的人都觉得疼得寒心，可是这小子怎么跟没感觉似的。

这就是自尊，鲁庄公第一次遇到中箭的猎物在征服者面前昂着头，他的灵魂被震慑了。再看歂孙生气喘嘘嘘，累得腿都打哆嗦了，庄公心中暗骂自己：没出息！不知道的还以为你是俘虏呢。

出于对猛将的敬佩，鲁庄公下令以最高礼仪迎接南宫长万将军进鲁国监狱。

十七、小白的桃花运

此时南宫长万在仇恨一个人：鲍叔牙。南宫不明白，为什么老鲍看着自己挨揍却不出手。要知道，宋国是来帮忙的。姓鲍的你就袖手旁观吧，你们齐国刚遭了败仗，损兵折将，没了宋国的帮助，看你们怎么打！

进牢房的第三天，南宫长万就向鲁国狱卒打听："你们和齐国的军队打得怎么样了？"狱卒很惊讶："南宫将军不要开玩笑了，齐军早就撤兵了，两国根本没交战。"南宫心底一沉，哦，原来人家是这么打的啊，鲍叔牙你个老狐狸！

此时鲍叔牙正在跟小白汇报工作："虽然宋军有点损失，但总体来讲，我们齐国未损一兵一将，和鲁国打了个平手。"

小白彻底死心了，给老师了个台阶："嗯，还可以，回去继续努力吧。"此时的公子小白才真正下定决心，所有国家大事都交给仲父管仲，自己再也不瞎掺合了。

哪知第二天管仲找到了小白："有一件关系霸业的大事需要你来做。"

小白头摇得跟拨浪鼓一样："仲父您别开玩笑了，我也就泡妞在行，别的还是您管吧。"

管仲笑着说："这回就是要你泡妞，而且是天下最尊贵的妞。"

小白乐得眼睛眯成了一条线："有点意思，我勉强答应吧。"

作为中土大地千万名色狼中的佼佼者，小白有一个梦想：泡遍全天下的漂亮妞。

数月前他还只是一个前途未卜的政治犯，身处莒国，吃饭都要靠人家赏赐。除非哪户人家的女儿脑子进水，才想嫁给这个危险人物。

短短几个月，管仲竟然让他去追求大周朝天子的千金。

小白眼神黯淡下来。齐襄公曾经将周庄王的外甥赶下卫国政坛，全歼周朝两万人马，令王室的威望一落千丈。更令人叫绝的是，齐襄公迎娶了周庄王的女儿，却公然与妹妹文姜偷欢，弄了一顶绿帽子给王姬戴，害周王室丢尽了颜面，最后自己却跑到地下享清静去了。作为娘家人的周庄王恨不得把齐国灭了。如今去泡他的女儿，不是时候吧？

管仲看破了小白的心思，提醒说："做了这么久的齐王，你还没向周朝禀告即位呢。"东周的诸侯必须获得周王的正式承认，才能成为一个正式的王。尽管王室衰落，但是直到东周末年，历经五霸，这个规矩都无人敢打破。

小白一拍脑门："哎呀，这事倒忘了。"急忙找来公孙隰朋吩咐告即位的事，商量之后管仲叫住公孙隰朋："这事完了后，你顺便向周庄王提亲。"

公孙隰朋满载着礼物去了周朝都城，小白则日夜期待着能够见到周朝公主的美丽容颜，没事数着枕边宫女的头发："嫁我，不嫁我，嫁我，不嫁我……"

十几天后，公孙隰鹏回来了："大王，庄王说考虑一下。"男人总是这样，得不到的都是好的，小白心中急道："快点嫁给我吧。"

此时在遥远的周朝都城洛邑，周庄王也在暗暗为女儿祈祷："快点娶了她吧。"

自从齐襄公灭了周朝两万军队，与周朝交恶，周王室连做个和事佬的资格都没有了。齐鲁宋几番大战，中原战火连天，偏偏没人把王室当回事。周庄王唯一的愿望就是你可以不听我的，但总得给我个面子啊。就在这时，公孙隰朋到洛邑告即位，给庄王送去了台阶——小白做齐王，请求您的恩准。

庄王当然承认小白的地位，隰朋说："听闻王姬才貌双全，我家大王仰慕已久……"庄王明白了，齐国要政治联姻！这是势力的结合，虽不是多么结实的纽带，多少也是一层保障。我女婿是中原千乘大国的诸侯，足以恐吓那些小国家。周庄王心道，你现在把她拎走我都不反对。但王室毕竟是王室，得端着，考虑一下吧。

除此之外，周庄王怕得罪一个人，鲁庄公。齐鲁打了好几场死仗，哪一

方王室都惹不起，若是和齐国联合，鲁国会怎么想？于是庄王想出了个一箭双雕之计，请鲁国当主婚人不就结了吗，这样就能表现出对鲁国的器重。第二年一开春，管仲喜滋滋地找到小白："准备一下，洞房！"

浩大的迎亲队伍迎接洛邑来的使者，美丽的姑娘就在马车之中。小白很期待，他很想直接跳上车亲热一番，这种事小白在齐国大街上坐敞篷车时干过，成为当时一道耀眼的风景线。但是此时非彼时，怎么也得做个样子呀。我忍！不就是到天黑吗？

入夜，二十多岁正值壮年的小白进了新房，颤抖的双手解开了天下最尊贵的女子的面纱。

管仲、鲍叔牙和王子成父等人正为大王感到高兴，房门突然打开，小白打鸡血似的跑到管仲跟前，哭着脸道："仲父，恐龙啊！"

管仲假装没听见似的左右看了一下，压低声音道："大王，小声点！为了您的霸业，熄灯凑合着睡吧。"小白一听，知道管仲这儿没戏了，腿上灌铅一般，耷拉着脑袋重新走入了新房。

第二天，小白很晚才上朝，群臣惊讶，公孙隰朋面带崇拜的表情看着小白，暗道，在此等恶劣的环境下还能坚持一晚上，大王不是一般人啊！小白哀怨的眼神看着隰朋，心说，周朝就一个公主吗？弄来这么一玩意，幸亏我不挑食！

二人正进行心灵沟通的时候管仲奏道："大王，臣有一件大喜事要禀告。"

小白闻听喜事二字，身体一颤。他对管仲说的喜事都怕了，认为又来忽悠他。

管仲笑嘻嘻地说："徐国的公主容貌绝佳，想与我国联姻。"

小白怀疑的目光看着管仲："绝佳，你肯定？"

管仲憋住笑："这回是真的。"

又一次洞房花烛，第二天早上小白刚刚起床，管仲就来了。

小白问道："仲父，什么事这么急？"

"准备一下，蔡国也想把公主嫁给你。"

小白眼睛瞪得比牛眼还大："不会吧，这么巧。"

管仲打断他："国家大事，臣已经替您答应了。"小白一想觉得也好，双喜临门嘛！管仲又道："忙完了蔡国之后还有卫国的公主要嫁过来。"

小白神色紧张："仲父，您不会也答应了吧？"

管仲笑道："大王圣明。"

小白愁眉苦脸："仲父，您得为我这小身板考虑一下啊！一眨眼，四个老婆了。"

管仲憋住笑："大王，为了齐国霸业，你就牺牲一下吧。"

白脸色凝重地点点头："老子豁出去了！"（徐、蔡、卫各以其女来媵。）

当小白在幸福中徜徉的时候，管仲的改革大业在悄然无声地进行。

首先是外交，自从齐襄公与周朝决裂，公子无知杀兄谋叛，中原的中小国家一直在观望，他们是弱小者，只能在强者之间游走。周齐联姻，让他们认识到齐国这棵大树到了枝繁叶茂的时候了，趁着小白婆亲的机会纷纷伸出了橄榄枝，这是对小白权力的一种承认。

周庄王嫁女儿顺便请鲁庄公当媒人，这个两不得罪的做法很快有了成效：齐鲁和好了。周庄王心中大赞自己是天才，此等妙计，还有谁能想出。其实，即使鲁国不做媒人，齐鲁还是要和好，这是管仲的既定战略，只不过因为小白的插手，短暂性停滞。管仲只是给了周庄王个顺水人情。

管仲在国内的改革进行得如火如荼，没有遇到任何阻力。尤其是组建美少女慰问团的工作，组建人员热情高涨。这是历史上第一家有记载的国立青楼，由国家统一服务标准，主要任务是招待过往客商。当然其影响力也是巨大的，对于商人来说，买卖到哪儿都是做，何况齐国有的是盐和低价存货，顺便浏览一下美少女，何乐而不为呢？齐国的经济繁荣起来了。明眼人都看得出来，齐国未动刀枪，可是实力增长却比攻城略地更加迅速！

十八、竖刁和易牙的发迹史

　　管仲接管齐国朝政后陷入了第二个危机，功高震主！如果说小白从来不担心管仲谋反，没人敢做这个保证。小白不是政治白痴，拜相之初，对外宣传的口号是什么事先问管仲再问他。可是到了对鲁开战这种国家大事上，小白把管仲的意见扔到了一边，先前说的话不算数了。

　　况且小白对管仲比自己亲爹还好，管仲若是谋反就会扣上不仁不义的大帽子。敢杀我，全天下的人都不容你！

　　怕只怕小白不理政事，人无聊了难免瞎寻思，保不齐哪天一琢磨："哎呀，齐国上下都听管仲的，要是他把我废了怎么办？"

　　管仲的策略很简单，我不让你闲着不就得了。所以小白哪天夜里都少不了女人。管仲没有像后世的脑残忠臣那样跪在宫殿前非逼着老板早起，也没有像东方朔和晏子那样巧妙地劝谏。而是让小白尽量玩，你玩得开心，我心里就踏实了。

　　管仲曾经说过，鲍叔牙太过刚直，嫉恶如仇不足以掌管国家大事。事情的发展证明了他说的是真话，鲍叔牙最后被气死了。理想的治国人才是什么样的呢？像管仲那样，黑白都吃，昏庸胡闹的小人和才华横溢的能臣都处得来。简言之，管仲是魔鬼和天使的混合体。不过很快他就要遇到挑战了——将要和真正的魔鬼展开交锋。

　　一个没有能力没有背景的小老百姓有染指国家权力的可能吗？两千八百年前的齐国就告诉了我们这样一个故事。

　　一间阴暗的小屋里，俊俏的小男孩手握锋利的短刀冲着自己的下体来回

比划，冰凉的刀刃一触及皮肤，立刻全身颤抖，头皮都在发麻。这个小男孩就是大名鼎鼎的齐国第一小人竖刁。

竖刁很小的时候就进入色情服务业，并幸运地成为小白包养的"二爷"。

豢养幸童在东周时期很流行，当时认为是很风雅并且很有面子的事。

但是幸童这种职业是不长久的，伴君如伴虎，谁也说不准哪天小白就厌烦了。再说宫里女人多，老爷们是不方便常去陪伴小白的。竖刁想来想去唯有把心一狠：既然不让男人进去，那我就不做男人！想要进宫必先自宫！

阴暗的小屋里一声惨叫，当时竖刁的眼神是痛苦的，也是充满令人恐惧的邪恶欲望的：我所失去的一切，将来全都会要回来，并且是加倍地要回来！

竖刁自宫的事深深地打动了小白，很快他成了忠君爱国的先进个人。小白万万没有想到，自从竖刁进宫以后，宫里的一切都在改变。

近小人会怎么样？

一般的小人还好说，像竖刁这种连自己的身体都不放过的小人，简直是万中无一。他将毕生的力量都用于阴人拍马屁事业，此等敬业精神，就是木头也能炼成人精来。

竖刁进宫的第一件事就是讨好小白的宠妾卫姬，这对竖刁来说是轻而易举的事情。很快齐国宫里最红的妃子就成了竖刁手下第一护法，在卫姬的帮助下，竖刁每日陪伴小白，如影随行（宠信愈加，不离左右），真正做到了有小白的地方就有竖刁。

竖刁的小日子过得非常惬意，只要小白不在，宫里基本就是他的天下。

一天，他正舒服地踱步的时候，一个人引起了他的注意。这个人长着一双令他倍感亲切的眼睛，缘分呐！竖刁喊过来问他叫什么名字，那人说叫巫考，字易牙。怪不得这么熟呢，后世盛传的齐国第二号小人嘛！

易牙此人和竖刁不同，他是凭借自己的能力一步步爬上去的，他的超能力就是会做好吃的。如果活在现代的话，应该是国家特级厨师。话说卫姬生了一场大病，御医们忙前忙后什么药都配了就是治不好。易牙得知后，提出了超现代的健康疗法，食疗。卫姬吃了易牙做的饭，身体倍棒，吃嘛嘛香，竟然奇迹般痊愈了（易牙和五味以进，卫姬食之而愈）。很快地，易牙马不

停蹄地进攻下一个目标，宫里的老大竖刁，竖刁本来就喜欢易牙，加上他做的饭那么好吃，顿有人生得一知己足矣之感。于是，易牙与竖刁强强联手了。

但是易牙也有郁闷的事，他不像竖刁那样有着东方不败的美丽面孔，所以他讨不了小白的欢心。

经过商量，竖刁瞅准机会在小白面前大肆吹捧了易牙一番，小白于是下令召易牙上来。大概对女色太感兴趣了，小白对饮食倒没什么研究，见了易牙就直奔主题："听说你会调味？"

易牙恭恭敬敬地回答："是。"

小白虽然贵为一国之君，但仍是孩子脾气，随口开玩笑道："我吃遍了所有山珍美味，还真不知道人肉是啥味。"

易牙想也没想就说："您稍等。"然后出了宫，拎着刀满大街溜达，宰谁呢？

中国自古的规矩：杀人偿命，宰谁都不合适。易牙愁得直揪头发，良久，他眼前一亮，宰这个人，王法没意见。谁啊？他的亲生儿子，在此我们称他为摇篮里的易小牙。

易牙心说，这事得先瞒着家人。总不能回去跟老婆商量："哎，你看把咱儿子宰了怎么样？"也不能跟老子商量："我想把您孙子炖肉汤，您同意吗？"

易牙进了家门，抱起儿子就走。妻子拦住他："你这是干什么去。"

易牙面不改色："出去串个门。"还没说完就快步走出家门，留下妻子在后边喊："早点回家啊。"

案板上，易小牙天真无邪的眼睛看着厨房的屋顶，咿咿呀呀地说着别人听不懂的话。平心而论，易牙的权术确实有一套，不去争权夺势，整天在厨房炒菜确实亏了。但是小人毕竟也是人，易牙不是畜生，虎毒还不食子呢。易牙不敢看小宝宝的眼睛，他怕忘不了。随着刀尖慢慢逼近喉咙，热泪就涌了出来。

很明显，易牙杀小牙的目的不只是人肉，否则他完全可以做个味美的汤或像吴起一样杀掉老婆做美味。他要表忠心！小白是高高在上的齐王，一个厨子能见到齐王的机会是很少的，表达忠心的机会更少！所以易小牙必须

死。锅里的水沸了，婴儿的咿呀音也戛然而止。

小白把盘子里的肉吃得精光，太好吃了！这是狮子仔的肉？嗯，不是，狮子肉太糙。蒸羊羔？也不是，羊羔太腻。于是问道："易牙，这是什么肉啊？"

"人肉。"易牙仍旧面不改色。

小白一惊，心说这小子从哪儿弄的人肉。易牙继续说道："臣听说忠君者不有其家，而您至今未吃过人肉，所以我把我儿子的肉献给您尝尝。"

小白愣了一会，说："你快退下吧。"易牙一走，小白对就竖刁喊道，"赶紧拿个盆子，老子要吐！"

其实小白很感动，心想易牙对我太好了，我以后要好好待他。此时易牙正在没人的地方嚎啕大哭，他的心情又有谁能理解。管仲临死前说了一句话："男人的感情没有比父子感情更真的，儿子都忍心剁了，君主对易牙来说算个屁啊（人情莫爱于子，其子且忍之，何有于君）？"

易牙得宠标志着齐国小人集团的成立，竖刁在内，易牙在外，一股阴风开始席卷齐国。竖刁和易牙的下一步行动就是逐步夺取政权，方法很老套，打着小白的名义招摇撞骗。但结果太不理想了。

每次易牙要徇私说："这是齐王的意思。"齐国的官员就会反驳："不好意思，这是仲父的规矩。"问题是齐国的大小官员都是这个德行。尤其是齐国五部委的一把手公孙隰朋、宁越和王子成父等人，根本不拿他当根葱。更不要说元老级的人物鲍叔牙了。竖刁和易牙终于意识到齐国的朝廷是铁板一块。整人最怕遇到太团结的队伍，整他一个，很有可能会引起整体反扑。两人一琢磨，得先干掉他们的核心人物管仲。

小人进谗言很有特点，那就是说真话。北宋王钦若赶寇准下台，南宋秦桧陷岳飞下狱都是如此。他们抓住皇帝心中的担忧，或者现实存在但皇帝还没有意识到的危险看似不经意地说出来，就这么简单。

这天小白正和易牙、竖刁、卫姬在一块游玩。瞅准了时机，竖刁假装无意地说："昨儿我出门，看到国人都说仲父好。"易牙插话道："哎呀，你不说我还没想到。真这么回事，现在除了管仲的命令，那些大臣谁的话都不听。咱齐国还是姜家的天下吗？真是太没天理了！"两人越说越劲，义愤填膺地上奏："大王，不能再这样了！"

小白沉默片刻，脸色越来越难看。竖刁和易牙的心跳得跟敲鼓似的：来了，来了，小白对管仲开始不满了。想不到小白大喝一声："给我闭嘴！仲父对我来说就是大腿上的肉，你们大腿上没肉能走吗？无知草民（尔等小人何知）！"最后一句话犹如一只利剑刺入竖刁和易牙的心里，阴谋被人看破的感觉太恐怖了！这句话是个封印，此后的岁月里，竖刁和易牙再也不敢折腾，齐国形成了阴阳两和谐的局面。

十九、心理虐待狂宋闵公

就在齐国实力蒸蒸日上之时，齐国的死党宋国正酝酿着一场政变。事情要从三国会战后说起。

宋军惨败后，和鲁国结下了梁子。俗话说，福不双至，祸不单行。当年秋天，宋国又发大水，即将收获的庄稼淹得差不多了。宋闵公正郁闷之时，有人来报，鲁国使者来了。

嗯？他们来干什么，挑衅吗？

原来鲁使是来慰问的，慰问词催人泪下，大体是两国兄弟情谊，情同手足，看到宋国遭受自然灾害，鲁国人民寝食难安。宋闵公重金感谢了鲁使，心道鲁国给送台阶了，那我就下吧，老大小白都请鲁庄公主婚了，我闹翻脸也没什么好处。

很快宋国派出使者表示感谢，双方互相客套之后，宋使说："我们家小万万还在你们这做客呢，什么时候让他回去啊？"鲁国倒很大方："放人！"

在异国他乡做囚犯的南宫长万，做梦也想着自己的故乡。终于在秋风瑟缩的季节，几辆马车接他回了宋国。一切如故，南宫长万还是往日的大将军，众人景仰。唯独一件事，长万发现宋闵公看他的眼神不大对劲，果然，好开玩笑的宋闵公见到长万的第一句话就是："以前我尊敬你，但是现在你是鲁国的囚犯，以后我可不拿你当回事了（始吾敬子，今子鲁囚也，吾弗敬于矣）。"

南宫长万感觉自己猛地被人打了一闷棍，又羞又怒。不过他什么不满也没表现出来，而是匆忙告退，再也不想见宋闵公了。

一个心高气傲武功盖世的将军，被人当众揭露囚犯的丑事，这一刀捅得

可谓稳准狠，想忘掉都难！

何况南宫长万根本就不打算忘掉。

凡成大事必须要借势，当时的宋国人并不太讨厌说话不着调的宋闵公，国内既没有动乱的迹象，朝廷上也没有反动的言论。所以南宫长万即使再性急，也不敢轻举妄动。

不急，我手中握有兵权，军中大将猛获是我的心腹，弟弟南宫牛也担任军职，只要有耐心，干掉你不愁没机会。

其实，南宫长万还担心太宰华督。华督德高望重，在宋国颇有威望，一旦让他察觉，提前调动兵马，一切都完了。

南宫长万心里窝着火，只盼着一辈子待在府里，再也不受那个变态的嘲笑了。可是这时候宫里却来信："大王请你陪他游玩。"

真是怕什么来什么呀！

原来是宫里的人想见识南宫长万的绝世武功，央求宋闵公召他过来。宋闵公也在兴头上，于是派人叫南宫出场玩玩。

南宫拜见了宋闵公，心道，这该死的家伙，竟然敢把我堂堂大元帅当猴耍。只想着表演完赶紧走人。

几十双眼睛盯住南宫长万，只见他手握大戟站在场地中央，双臂一较力，三十多斤的画戟就扔上了天，据当时史官统计，扔了十多米高。几十斤的重物啪的一下掉了下来，南宫双手一伸，接住了。紧接着又嗖的一下子扔了上去。

大家都看傻了，这么大的力气，还是人吗？等大家醒过神来之后，顿时喝彩声一片。

宋闵公不满意了。这还得了，你们这么崇拜他，完全辜负了我给他戴的囚犯的帽子。囚犯！囚犯！他只是个失败的战犯啊！况且，没了南宫长万，我以后嘲笑谁去呀，我的笑料抖不出来了。

这世上虐待狂很多，但是像宋闵公这样以讽刺他人弱点，虐待他人心理为乐子的，确属极品。

"呵呵，南宫将军果然好本领啊。来，陪我玩个小游戏吧！"宋闵公笑得很假，不过南宫长万却很受用，总算叫这老东西见识我的厉害了。

等到真玩起游戏来，南宫才发现，坏了！

宋闵公和南宫长万玩的游戏叫博局。笔者查阅了下史料，有人说后来的汉代博局类似于象棋，也有一说是赌博。笔者认为远比象棋简单，因为短时间能定输赢，应该是类似于五子棋的小游戏。．

宋闵公玩博局之前隐藏了个秘密，他是个博局高手。南宫长万玩之前也没弄清自己的水平，他基本上属于菜鸟中的菜鸟。博局规矩也是宋闵公来定的，输了的用超大酒杯（大金斗）罚酒。

五局之后，南宫长万已经八九分醉了。宋闵公心说见好就收，万一这小子赢一局以后就不好说了。但是南宫长万也是个好胜的人，此刻喝了这么多酒，正好胆气上升，说什么也要继续玩下去。宋闵公一瞪眼："你个罪犯，打一次败一次，还敢和我赌（囚乃常败之家，安敢复与寡人赌胜）？"说完宋闵公窃喜，哈哈，我又一次叫他罪犯了，真爽。

此时如果宋闵公注意南宫长万的眼神，他就不会生事了。

南宫长万的眼神是杀人的眼神！

这个时候宫人突然来报："出大事了！周庄王病逝，周鳌王即位。"闵公沉思片刻，自言自语道："新老大登基，得派使臣去祝贺啊，以后也好说话。"南宫长万正想借此机会离开宋国散散心，上前请求道："臣听说王都繁华，想出使周朝。"闵公一听，嘿！又逮着机会了，于是笑嘻嘻地说："呀？我们宋国没人啦？派个罪犯当使臣。"事实证明宋闵公确实有说相声的天赋，所有的宫人都很给面子地哈哈大笑，这包袱抖得太好了。

在满屋的嘲笑声中，传来南宫长万冰冷的话语："无道昏君！你知道罪犯会杀人吗！"

所有的人笑容顿时都凝固了，这是公然的反叛啊！宋闵公最先反应过来，他是万人之上的主，从来都是看别人低着头跟他说话。这回好，敢骂我，老子杀了你！

宋闵公见南宫长万的大戟放在桌旁，俯身去抢戟，心道，非一戟捅了你不可。等他伸手抓戟的时候才暗叫不好，怎么这么沉啊，我怎么看那个混球跟拿筷子似的。南宫长万压根不屑于跟他抢，直接从桌子上拎起博局，劈头盖脸砸过去："不抽你都对不起你那张嘴！"宋闵公身板何等薄弱，一下就躺地上了。正迷糊着思考自己的头还在不在的时候，一个大拳头又打了下来，宋闵公头一歪，这回不用思考了。

宋闵公不再笑了，也许还带着一丝悔恨，因为数天前大夫仇牧私下找到他，说了这么一句话："领导和下属之间一定要以礼相待，不能戏耍对方。戏耍他人，他人就会不尊重你。心里不尊重你了，做事就会傲慢无礼，一旦到那时候，必会出现叛逆之事（君臣之间，以礼相交，不可戏也。戏则不敬，不敬则慢，慢而无礼，悖逆将生，君必戒之）。"

　　数十个宫人眼看着大王被杀掉，没有一个人敢动弹。这就是霸气，没人真正和南宫长万交过手，但他的一个眼神足以使现场每一个人尿裤子。打不过怎么办，跑呗，热闹的大殿瞬间只剩南宫长万一人了。

二十、公子御说的战争

南宫长万怒气未消，提戟出了宫殿，刚到朝门，远处就走来了一人，正是大夫仇牧。

仇牧见南宫长万阴沉着脸，手提大戟，满身酒气，心里有点发怵，赔着笑小心地问道："将军，大王在吗？"

"哦，昏君吗？一点当老大的样子都没有，我弄死了。"南宫长万的语气轻松得像是刚刚碾死了一只蚂蚁。

仇牧脑袋嗡的一下，心道喝醉了发酒疯呢，于是给了他个台阶下："将军醉了。"

南宫长万抬手给他看了下手中的鲜血："你看，我说的是实话。"

"悖逆之臣，天理不容啊！"仇牧一声断吼。自古书生中总有些硬骨头，他们信奉的是一种理，不管这种理多么荒谬不可信，但是千百年来它赋予信徒们一股遇佛杀佛的豪气。

明知眼前的人是个杀人恶魔，仇牧仍要拿手中朝拜的牌子用力击去。仇牧也是气糊涂了，小牌子打在一身腱子肉的南宫长万身上，当然不会有什么效果。南宫长万微微一摇头，把手中大戟放到地上，然后左手一抬，把仇牧手中的牌子扫落，紧跟着右拳挥出。铁拳嘭的一声打在仇牧的脑袋上，硬邦邦的脑壳一下子就碎了！仅仅如此还显不出南宫长万的能耐，仇牧一颗牙齿被震断了，顺着南宫长万发力的方向飞出去，潜入旁边的木门，竟然有三寸之深！

南宫长万刚打死仇牧，就听见周围喊杀声四起，原来太宰华督接到宫人的禀报之后，随即拿起利剑，召集十多个手下杀奔宫门而来。到了东宫西边，华督听到宫里乱成一片，又急忙组织人马安抚人心。正喊着，眼瞅不远

处一人拐过了宫墙，连忙喝道："站住，朝廷有变！随我诛杀叛贼南宫长万！"

那人听话地拐了回来："您是找我吗？"华督一看，天哪！正是南宫长万。

事发突然，华督在战车之上倒是愣住了。南宫长万一语不发，默默闯至近前，挥手一戟，将华督从战车上挑了下去。华督刚想动弹，哧！又是一戟，戟尖深入泥土，华督成了糖葫芦。

此时，军中已接到了华督的平叛命令，遗憾的是平叛将领是猛获。猛获下令："闵公族人叛乱，随我起兵剿灭叛贼！"军令如山倒，大军杀入京城。宋闵公的嫡系族人戴、武、宣、穆、庄五族早已得知消息，料到大难临头，行李也来不及收拾，匆忙逃出京城。猛获禀告南宫长万，五族的公子都跑了。南宫长万冷哼一声，一群饭桶翻不了什么风浪。但是有一个人必须死，即公子御说。

一辆马车在古道上疾速奔驰，车夫拼命抽打着骏马，一看就知道这马是有钱人所养。马中端坐的锦衣公子正是要犯公子御说。时间就是生命，迟一点点都会被猛获的追兵逮到，转眼就会被剁成肉酱。突然前方有人飞马拦住马车，此人是御说的家奴。家奴上前禀报御说："公子们都逃亡萧地了，萧地大夫大心是宋国宗室，我们去了一定可以保全性命，东山再起。"

御说沉思片刻："掉头去亳地。"

家奴愣了："我们不去啊？"

御说轻声问道："你想让南宫长万一锅烩了吗？"家奴无语了。

御说明白，只要宋国境内还有王位继承人，南宫长万就会发动战争。公子们都被围在一个绝地，无人救助的话，只能是死路一条。亳地是战略要地，易守难攻，况且南宫长万在萧地和亳地之间只会选择一个地方，那样的话，自己将会有百分之五十的生存希望。

事情总是在变化，御说到了亳地没多久，南宫长万数万大军就压了上来。亳地被围了个水泄不通。

南宫长万的政治意图很明显，别人无所谓，我要的就是你公子御说的命！

这是一场战略上的争斗，南宫长万打的是擒贼先擒王的牌，御说就是那个王，干掉他，一群公子没主心骨，就成了一盘散沙。御说怎么应对呢，南宫牛和猛获的军队攻势很猛，御说死活不出战。他眼光还真是独到，数万人的军队急得团团转，愣是拿一个小小的亳地没办法。

猛获一寻思，我把你死死围住，粮草尽了便不攻自破。于是大军安营扎寨，在亳地外驻扎下来。

在城里的日子很难熬，吃的东西越来越少，况且大军压境人心惶惶，随时可能发生变故。御说一直不急不躁，现在唯一的办法就是等。他相信兄弟们会来救自己的。

御说还真估计错了。众公子对南宫长万怕得要死，自己的命都保不住了还出头，大家可不想当英雄。

有时候遇到劫难，三分靠人力，七分靠天定。御说一生最大的幸福就是遇到贵人了。

时间一天天过去了，亳地的人们每天心惊胆颤地听着外面的战马嘶鸣，开始感到绝望。猛获带领的军队非常有特色，凡是土匪能干的事他们都做得更好、更快、更强。

城破之日就是屠城之时。

这天，一个亳地士兵饿得眼晕，趴在城墙上往外观察，看见地平线上来了一支部队，以为是猛获的送粮部队，正嫉妒加羡慕呢，等到那支军队离近了，才发现军队前方高悬大旗，写着一个大大的"萧"字。士兵乐颠颠地跑回去告诉大家救兵来了！

这支救兵是谁组织的呢？萧地的大夫，萧大心。

事情要从宋国的公子们逃到萧地说起。五族的公子都有自己的私人武装，亳地危在旦夕，他们却各怀鬼胎。有的想，公子御说真是傻冒一个，大家都往萧地来，他非去亳地得瑟，这下好了，死去吧。有的琢磨，公子御说一死，少了个抢位子的，南宫长万是帮我除去一个劲敌啊。有些公子想去救却没那个胆，这些年大家都在美食泡妞养宠物方面造诣很深，唯独打仗没什么进展。萧地这点兵，还是省省吧。就在此时，萧地大夫大心邀五族的公子赴宴。在人家地盘上避难，公子们自然得给人家面子，况且论辈分萧大心还是叔叔。

酒过三巡，萧大心朗声道："今日一宴后，大家再见面的日子就不多

了。"

公子们诧异道："这话怎么说呢，叔叔，难道你要撺我们不成？"

萧大心面色冷漠，拿起一杯酒缓缓倒在地上："亳地一失，南宫长万眼里会容得下萧地这小沙子？提前饮一杯黄泉酒吧。"

这话基本上是告诉公子们，洗洗脖子吧，被砍头的时候比较利索些。众公子醍醐灌顶，齐声道："请叔叔火速起兵！"

收拢了众公子这盘散沙，萧大心还是寝食难安，万事俱备只欠东风，他在等待一个消息。

几天后有人快马禀报，曹国大夫曹回愿意带兵助一臂之力。萧大心彻底放心了，以萧地的兵力，正面和猛获交锋的话，几乎没有获胜的可能，他现在急需要人手。就这样，这支东拼西凑兵力不足的杂牌军出发救亳地去了。

御说得知援兵到来，立刻通知家奴赶紧召集亳地的所有人马，准备出击。家奴苦着脸说："就这千把号人，那不是飞蛾扑火吗？"

御说骂道："笨啊，老百姓不是人吗？动员亳地所有男人，有菜刀的拿菜刀，有锄头的拿锄头，妇女儿童敲锣在后面助威，老太太摇旗呐喊。总之一句话，全体人员给我动起来。此战获胜，重重有赏。"话还没完就拔出腰间的佩剑，大喝一声，"老子豁出去了！"

做了一个多月的缩头乌龟，御说准备拼命了。所谓大丈夫能屈能伸，成败在此一举，援军如果失败，亳地就彻底无望了。

这时，城外已经开始厮杀。萧大心从后面突然袭击，掌握了主动权。但是猛获依仗兵力强盛，很快就将战局扭转过来。左右路开始合围，公子们被重重围住，眼见危在旦夕。

突然间城门打开，一支穿着五花八门服装的农工商军队如洪流涌出。这是一只利剑，直刺猛获军的背后。

二十一、南宫长万的逃亡路

猛获正雄心勃勃地准备送大心同志和公子们去奈何桥相聚，突然间后方大乱。定睛一看，不知什么时候亳城里冲出数不尽的兵马。猛获顿时惊呆了，哪来这么多人？御说逃进亳地的时候只有千把人马啊。正惊讶间，有人来报：后方压阵的南宫牛将军被人一锄头砸死了。

哎哟，完了！猛获就这毛病，主帅一死他就心乱。这种人稳不住，碰到事情一起变化就想脚底抹油。这回也不例外，一听主帅没了，就吩咐手下撤。军队一旦没领导者就不堪一击，加上御说和大心两面夹攻，军队死的死，伤的伤，不死不伤的都做了俘虏。

跑出数十里后，驾战车的兵士问："将军，咱们往哪儿去啊？"猛获心想，这次大败，京城铁定是保不住的了，而且南宫家的人死了，长万肯定饶不了我。向御说投降的话也不行，叛逆之罪被砍头是毫无疑问的。唉，还是去卫国政治避难去吧。

猛获用行动证明了自己成事不足败事有余，他这一走，也给南宫长万留下了大祸患！

公子御说下令所有部队集结，一鼓作气攻破京城。军令虽下了，御说心里明白，京城城墙坚固，粮草充足，加之南宫长万骁勇善战，一旦强攻势必成为一场拉锯战，谁胜谁负很难预料。正当他愁肠百结之时，一个叫叔皮的大夫前来求见。

"大王，我可以让南宫长万打开城门。"

御说心道你吹起牛来颇有不要脸的神韵，凭什么就敢说这样的大话？！

叔皮看出御说的疑虑，接着说道：我们先派人散布亳地被攻克的消息，然后让军队换上南宫牛的旗号，假装得胜回朝，南宫长万不辨真假，定然会开城迎接。

御说喜出望外，赞道：真是妙计！几天后，一支乔装改扮的军队开往京城。

现在我们将目光转向南宫长万。

话说政变后的南宫长万面对着一个大问题，名分。自己该在什么位置呢？自立为王？不可能！南宫长万虽然有点鲁莽，但他可不蠢。东周的诸侯都是由周王赋予的。用当时人的话说，周天子代表着天上的神，周天子不承认你，那表示老天爷不容你，老百姓还会给你面子吗？五百年东周史无人敢挑战这一铁律。那只好走第二条路，扶持傀儡了。南宫长万看中了宋闵公的堂弟公子游。原因很简单：第一，这小子没什么志向，很有"脑残富二代"的潜质（当然富二代中也有贵族型的）；第二，这小子从血统上说得过去，属于老天爷承认的那种。他即位，周王和列国都不会说什么。嗯，就这么定了。

"我不干！"公子游非常坚定地看着南宫长万。南宫长万也不是吃素的，他一点也不着急："给你两个选择。第一，当宋王，万人敬仰，后世留名；第二，我宰了你。"说完用刀背在公子游脸上抹了一下，公子游脸上的肉一哆嗦："好……我干！"

安排好代言人后，南宫长万火速派南宫牛和猛获追捕公子御说，得知将御说堵在了亳地，他很淡定。重兵围城干掉公子御说是早晚的事。果不其然，一个多月后，一支大军来到京城之下，看队伍前边高悬大旗：南宫。

一个兵丁骑马到了城下："南宫牛将军擒获公子御说，得胜回朝，快开城门！"南宫长万早几天就听人传言亳地被攻破了，加上眼前所见，当即下令开城迎接。

很遗憾，当时没有望远镜，所以南宫长万轻而易举地被骗了，城下统领大军的正是一个月前被南宫长万驱逐的公子们。

人马蜂拥而入，守城兵士正为打了胜仗高兴呢，不料听一人喊道："单要拿逆贼南宫长万一人，余人勿得惊慌！"此话一出，众人惊恐万分，待到醒悟时敌人已进城了。

南宫长万弑君本就惹得众人不满，现在大势已去，不同意就得掉脑袋，谁还为他卖命呀。没人阻挡，众公子于是引兵直捣南宫长万的老巢，却发现

他不见了。

南宫长万去找公子游了，那是他的政治法宝，有子游在就有翻盘的可能。打起仗来到处都是乱糟糟的，好不容易到了宫门口一个内侍跑出来说："将军您别进去了，大王已经被切成土豆块了。"

南宫长万心里一寒，完了！再没有呆在宋国的理由了！此时不逃更待何时，撒丫子就跑出京城半里地。跑着跑着却停下了，一转身又向京城跑去。

他想起来了，老妈还在京城呢！

南宫老太太八十多岁了，正坐在屋里回想世纪人生，感情刚起来的时候，南宫长万跑进来，抱起老妈往外就跑。本来准备骑马逃走，但是老太太受不了啊，八十多岁坐马背上，跑不出五里地就会血管破裂。

南宫长万于是弄了个辇车（类似于大型手推车，用手推，可坐两三人，车行起来很稳当），扶老妈坐好了后，左手夹着画戟，右手推车，据说斩门而出，其行如风，一路上的散兵游勇没人敢拦阻。南宫长万决定逃往陈国，因为中原各国里，只有陈国和宋国没有交情。这一决定是正确的，为他的逃亡争取了一些优势。

出了城门，南宫长万玩儿命似的跑，他知道公子们不会放过他，等他们醒过神，定会派兵追来。战马追手推车，那可不是一个等量级的啊！但南宫长万不是一般的人，是战神。宋国距陈国两百六十多里，他一天的工夫就到了！什么概念呢？谁都知道红军是行军的行家，能把敌人肥的拖瘦，瘦的拖死，当年长征赤水河主力轻装急行军一天一百二十里，这已经很了不起了，而南宫长万还推着大车呢。

南宫长万刚到陈国，宋国的追杀令就发出来了。谁对南宫长万这么恨啊？当然是公子御说。

此次宋乱，御说始终担当着中流砥柱的角色，要能力有能力，要功劳有功劳，人家还是宋闵公的亲弟弟。下一任宋国君主没有任何争议。

真正有能力的人往往在乱世中出现，太平盛世反而是酒囊饭袋的藏身之所。

御说首先感谢了萧大心同志的救命之恩，萧邑升格为宋国的附属国，萧国。萧大心同志成了萧国的开国之君。御说要做的第二件事就是新君上任三把火，第一把火烧向了叛国之臣南宫长万和猛获。

一名宋使来到了卫都城，要求卫慧公交出猛获。这位卫慧公就是当年齐襄公的流亡外甥公子朔，为了帮他复位，宋闵公出了不少力。当然，卫慧公是不认这个帐的，你帮我忙，我给你财宝，两平了。猛获是员猛将，我可舍不得。因此卫慧公来了个装傻充愣，有这回事吗？我调查一下。

　　安顿好宋使，卫慧公立刻召开了个紧急会议，问大臣们怎么办。众人异口同声："不能给啊！人家遇到为难的事来投奔我们，这是信任我们，给了就显得我们做事不地道。"卫慧公刚要拍板决定，大夫公孙耳出来了："猛获就一丧家之犬，干啥啥不行，我们用得着他信任吗？再说，留下猛获就得罪了宋国，为这么一货得罪宋国几十万人，大王您觉得值吗？"

　　卫慧公琢磨了一下，对公孙耳说道："给小猛准备点厚衣服，去宋国的路上冷。"

二十二、讲义气的公子结

　　猛获刚被押解到宋都城，公子们就急不可耐了："快点弄死他！煮了他，剪了他，油炸了他！"御说急忙阻止："不像话！好事要成双，立刻出使陈国，把南宫长万这个傻大个给我抓回来。"

　　猛获之所以被抓，那是因为宋国和卫国有交情。中国从古至今，但凡有人情的地方，再难办的事也变得好办。陈国则不然，没和宋国建立外交关系。

　　南宫长万钻的就是这个死角。

　　果然，陈宣公对南宫长万奉若上宾，毕竟南宫长万力敌千钧，大周的头号战将，怎么也是不可多得的人才，难得他投靠陈国。而自己跟公子御说走路碰面都不带点头的，犯得着给面子吗？

　　但是怎么不给面子也得把程序走了，陈宣公接见了宋使，爱理不理地问："有事吗？"宋使心道这大概就是传说中的装孙子吧，忍住心中的不满赔笑说："也没什么大事，我家大王有一箱东西，不知道有没有用，特意送来请您看一下。"

　　嗯？不是南宫长万的事啊？陈宣公纳闷了："拿来我看看吧。"等箱子一打开，陈宣公打鸡血似的站起来了。哎呀，宝贝啊，全是纯金的工艺品，我的心肝哟，他们怎么知道我喜欢这玩意啊。

　　宋使见火候到了，问道："您要是觉得不好，我带回去吧？"陈宣公心说你也不问问我是谁，你还敢说这话！于是放下脸赔笑道："好不容易带来了，再带回去多累啊。"宋使接着说道："那南宫长万——"还未说完，陈宣公就打断他："南宫长万那个逆贼，居然敢弑君！他还是人吗？一想起他我肺都气炸了。"

　　人贩子陈宣公数完钱后的第二天，陈国贵族公子结来到了南宫长万的

住处。南宫长万早就知道了宋使来陈的消息，他已经做好了准备，此地不留爷，自有留爷处，只要陈国人敢出卖他，就杀个血路，投奔他家。哪知公子结见到他的第一句话是："长万将军，昨天宋使来了。"南宫长万疑惑了，他居然告诉我真相，这是什么意思？

公子结一脸严肃地说："我们大王私下对我说，得到将军一人胜过得到十座城池，宋国人就是要一百回我们都不会给。将军你要想走，我们也不介意，给我们个把月的时间为你准备好车马（亦愿从容数月）。"南宫长万感动得泪流满面，兄弟，太仗义了！刚才我竟然怀疑人家，我怎么这么龌龊啊。

事实上，公子结是来抓捕南宫长万的，但他很为难。这是战神，你以为阿猫阿狗啊，拿根绳就能捆住。听说他一拳就把仇牧打爆了，我可不能触这个霉头。因此公子结策划了两步走：第一步，稳住他，别让他跑了。公子结做得非常对，陈国稍微有个风吹草动，南宫长万就开溜了；第二步，就是挖陷阱了。南宫手里有画戟，打起来根本近不了身，如何能拿掉他的兵器呢？公子结脑子一转，一纸请帖送到了南宫长万手上，请你赴宴总不能带兵器吧，你要是带那就是不信任我，那咱们可就不是好兄弟了。

忠义的人要用忠义来对付他。

这一夜，公子结的家里是宾主尽欢，本来计划是尽快灌醉南宫长万，然后下手，哪知南宫长万的酒量和力气竟然不相上下，照这喝法他还没醉，公子结自己就先趴下了。

公子结急了，功败垂成在此一举，出绝招！一拍手来了两个美貌的女子，均属于男人看了就心神荡漾的那种。

这两位谁啊？公子结最疼爱的小老婆，舍不得媳妇抓不着流氓，公子结这回吐血大甩卖了。

美女是酒席上的杀手，更何况这两位身负政治任务，不灌倒南宫长万誓不罢休！果然，南宫长万一会儿就顶不住了，色不迷人人自醉，一杯接一杯，眨眼功夫就烂醉如泥。

热闹的酒宴突然静了下来。"出来吧！"公子结话音刚落出来几名大汉，大汉们用一张大牛皮裹住南宫长万，又用精挑细选的粗牛筋捆得结结实实。公子结又一挥手："上路吧。"

南宫长万做梦也没想到，那纸醉金迷的一夜喝的是断头酒！都说人生得一知己足矣，知己多了肯定是山寨版。

冬日刺骨的寒风吹着，押解南宫长万的士兵牢骚满腹，这等天气还让连夜赶路，真拿当兵的不当人看啊。天亮的时候一个士兵惊呼："快来啊，南宫长万出来了！"众人跑上前，只见大车之上，南宫长万已经撑破了厚厚的牛皮，手脚都露在外面，只有几根牛筋勉强约束着他。士兵们惊呆了，这种事千年一见，这得什么力气啊！看着南宫长万咬牙切齿地在那儿挣扎着，一个士兵哆嗦着问："怎么办？"士兵头恨恨地说："怎么办？他不是想跑吗？成全他！"

槌是一种生活工具，比如想把木头砸进墙里，对准了猛力一砸，进去了。其物理原理是把全身的力气集中到一个点。士兵们一拥上前按住南宫长万，对着他的腿胫骨开始了这一物理实验。骨头断裂声不断传出，南宫长万闷哼一声，士兵们放心了。

冷风呼啸，寒气逼人，一代战场枭雄开始走向生命的尽头。他是战败的将军，他是弑君的贼子，他是东周最英勇的战士，他是不肯折腰的男人……他被公子结玩弄于股掌之间。

古今多少事，都付笑谈中。

按照公子御说的命令，南宫长万与猛获被押到王都市场上剁成了肉泥，南宫长万的老妈也受到株连被杀。

第二天，宋国所有的大臣都收到公子御说赐的肉酱。送酱的人再三讲解："这是好酱，南宫长万的肉做的，大王说了，谁要再敢弑君立马会变成肉酱的原材料。"

二十三、小白会诸侯

虽然宋国的人承认公子御说是老大了，但是周釐王那边还没有动静。御说明白，周天子不给盖章，他的位子总让人觉得有点别扭。正在着急，有人来报，周釐王要中原八国在北杏会谈，会上将正式确认御说为宋国的领导人。

公子御说一皱眉，八国会北杏，周釐王绝没有这种号召力，谁在背后用了力啊？一打听，呵，公子小白！

三年潜龙在渊，一朝飞龙在天。公元前681年的一个清晨，酒色中沉迷了三年的小白早朝时突然问管仲："是时候了吧？"

这才是真正的霸主，星转斗移始终未曾放弃自己的梦想。

管仲开门见山："该行动了。但是现在西有秦晋南有强楚，这些国家谁也不服，周王在他们眼里还没臭虫值钱呢。跟他们打我们讨不了便宜，杀人一千，自损八百。"

小白迷糊了："仲父您的意思是说我们不能跟他们开战？"

管仲笑道："开战是早晚的事，现在要做的是摆平中原各国。宋国御说还没有当上君主，我们让周釐王召集中原各国举行定君仪式，表面上是周王的仪式，其实是我们建立同盟的机会。"

小白问道："要是有不来的呢？"

管仲冷冷地说："天子的命令都不听，当然是干掉他。"

事不宜迟，小白火速派人到京都洛阳面见周釐王，陈述为御说举行"定君位"仪式的重要性，最后齐国使臣说："大王您没时间忙这事，不如颁发旨意，让我们齐侯代办了吧？"此时周王室日渐衰微，周釐王即位不久，王位未稳，而今有了抱住齐国这条粗腿的机会自然不会轻易放过。周釐王痛快地同意了小白的请求，顺便拍了个马屁："中原的诸侯都要听齐侯的，我哪有什么意见啊（泗上诸侯，惟伯舅左右之，朕岂有爱焉）？"

搞定了周釐王，管仲立马派人给宋、鲁、陈、蔡、卫、郑、曹、邾八国发帖子，约定阳春三月在齐国北杏会盟。帖子中着重强调，这是周天子的旨意。

周天子的决定，齐王亲自邀请，两人的面子怎么也得给一个吧？

做完这些事，小白一挽袖子："仲父，这回咱带多少人马？"管仲直接被雷了："大王，咱这是去谈友谊（请为衣裳之会），你带兵不把人给吓着啊？我们得把温柔的一面展现给他们，刀子先揣兜里。"

也怪不得小白，自东周开始，诸侯们每次开会都小弟成群，斧子砍刀随身携带，那年头谁也不服谁，一不小心就会被人黑了。

经过三个月的筹办，小白在北杏建了一个三层高坛，最高处是留给周天子坐的虚位，当然周釐王来不了，什么事都得小白代劳了。三月朔日，小白在高坛上远远看到一队人马奔北杏而来，为首的是个英姿飒爽的年轻人。小白心中暗想，能平定宋乱，这小子看来不好对付啊。

公子御说必须第一个到，他是这场"定君位大会"的主角，人家小白帮这么大忙，咱得积极点啊。一见小白，御说比谁都客气："久闻齐侯大名，每日操劳治国，以礼待人，您能想到我公子御说，真是感激不尽。"

小白哈哈大笑："都是一家人，为你定位是我应该做的，别客气。"两个雄心勃勃君主亲热无比，无话不说，当然实话除外。御说见小白只带了些随从，不由得暗自佩服。

又过了两日，陈、邾、蔡三国君主也各带兵马来到，北杏热闹起来。四国君主私下里商量了一下，人家小白就带那么点儿人，我们跟打狼似的防备人家，不仗义，各国人马后退二十里！

小白很满意，都服了吧？但很快他就沮丧了，有实力的鲁、卫、郑三国都没来，连小不点曹国都不给面子。这下尴尬了，半数都没到，还做中原盟主呢，人家压根不买账！

小白叹了口气，喊来管仲："仲父，您看我们是不是换个日子？来的诸侯也太少了。"

管仲料到诸侯不可能全来，但是他没想到只来了四家，现在的关键是要

稳住局面。

　　"大王，就现在结盟最好。宋、陈、邾、蔡大老远赶来了，我们换日子，那就是涮他们，到时候没来的诸侯不搭理我们，来了的我们也得罪了。况且您还肩负着代替周王定君位的使命呢，不能半路撂挑子啊！"

　　小白一百个不乐意："还差四个呢。"

　　管仲劝道："不少了！加上我们都五个诸侯了，您就当那些没来的半路上都让驴给踢死了。"

　　小白一拍脑门："好！就这么定了，诸侯虽少，但当盟主还是不错的。"说完就要出去召集诸侯开会。管仲一把拉住："人家愿不愿意结盟都不知道呢，当什么老大呀。我们得给他们挖个坑。"

　　第二天，五家诸侯走上了高坛，给御说定位的事几分钟搞定，小白也没心思倒腾这个，照本宣科地念了两句，大体意思是御说即位多么合乎人心，你不当宋侯天理不容，周王对这个事很肯定。御说装模作样地感激了一番。

　　定位的事完了，小白话锋一转："现在世道很乱，周王的话都不听了，我作为执行王命的人实在看不下去，今天必须选出一个老大来带领大家捍卫周王室的权威（必推一人为主），必须的！"

　　诸侯一下子明白了小白所谓"定君位大会"的意图，纷纷选择了沉默。

　　公子御说一言不发，内心五味杂陈。他的爵位是上公，小白才只是个侯，照规矩老大非他莫属，哪儿轮得到小白？

　　见御说不吭声，蔡侯和邾侯也都猫着不敢开口。老大的人选不是小白就是御说，此时无论表态支持谁都会得罪另一个，他们是小国家谁也惹不起，闭嘴最安全。

　　"天子让齐侯主持此次大会，那是极大的信任，盟主非齐侯莫属！"陈宣公说话了。陈国和齐国交情深厚，当然向着自己人说话。御说瞪了陈宣公一眼，心中暗骂，我那些珠宝算是喂狗了！

　　陈宣公毫不在意，少来这套，我是那种为了点钱就出卖朋友的人吗？

　　蔡侯和邾侯见有人挑头了，纷纷附和。御说彻底悲哀了，勉强笑笑说："陈侯说的对。"

　　小白的反应很迅速："怎么可以呢，我何德何能！不行，不能选我。"

大家都喜欢玩这个，否则那就是不谦虚。

御说心中暗骂，却强笑道："您就不要推辞了。"小白又假装推脱了两次，最后叹口气："唉，既然大家如此看重我，我只好勉为其难了！"

小白一摆手，仲孙湫捧着一个竹简出来了，大声念道："齐小白、宋御说、陈杵臼、蔡献舞、邾克，以天子命，会于北杏，共同约定辅佐王室。有毁此约者，列国共讨之。"众人一听，立即醒悟过来，迷迷糊糊就上了小白的战车了，这小子不当戏子真是浪费人才。随即一起高呼："一切听命于齐侯（敢不率敝赋以从）！"

小白乐晕了，虽然手下不多，但终于当上老大了，接下来就要开始收拾那些不听话的家伙。

二十四、幕后黑手鲁国

第二天，小白正要集合各国人马讲话，没想到下人来报：宋国的兵马蒸发了。

小白纳闷了，走了？居然一点动静都没有。

御说的队伍是在天蒙蒙亮的时候走的，他琢磨过了，黎明时分人们睡得最熟，最没有戒心。御说用的是釜底抽薪战术，四国之中宋国最大，他一走，其余三国兵力太小组不成什么大的军事联盟，必然会解散。其实御说看得很长远，当宋王自由自在，无人管束，多逍遥自在啊。倘若小白军事联盟已组成，以后宋国就得给他卖命了。赔本的买卖，御说不干。

小白暴跳如雷："御说，坏我好事，我非废了你！"随即传令下去，即刻调兵追赶宋军。

人一发怒往往会做出愚蠢的事，成功人士往往有高人一等的克制力，所以管仲很淡定："大王，冷静。咱们好好聊聊。"

小白摸不着头脑："八个国家走了五个，就剩三个不起眼的小国，仲父！现在是谈心的时候吗？"

管仲沉吟片刻："要打宋国，我们得经过哪个国家？"

小白："鲁国。"

管仲卖关子："这回郑、卫、鲁和曹四国都没来，大国嚣张一点可以理解，但是卫和曹国两个小国为什么敢不给我们面子？"

小白一歪脑袋："为啥？"

"有大国给他们撑腰呗，"管仲提示道，"大国是哪几个？"

小白像是想起什么："鲁国和郑国。"

管仲："鲁郑是出了名的军事同盟国，这两个国家谁一直是齐国战略上

的敌人，谁最不愿意齐国称霸？"

小白猛一拍脑袋："鲁国啊！哼，我早看出鲁国人不地道了。快，召集人马，伐鲁！"

齐国伐鲁名正言顺，鲁国竟然连天子的命令都不听，忠君爱国的小白同志岂能饶了他。为了维护大周的权威，齐国军马倾城而出，三年秣马厉兵，如今要一试锋芒了。

齐国大军再次压境，鲁国非常惊恐。这时的齐国可不是三年前的瘪三了，实力已经越来越强。

齐鲁大战拉开帷幕。然而令鲁庄公纳闷的是，齐国大军驻扎在鲁国的边境上，什么都干，就是不发动进攻。他们想干什么？安家落户吗？这种感觉令鲁庄公非常不舒服，打就打，不打就不打，你天天拿剑对着我是什么意思啊？

夜到五更，齐国军帐内，小白伸个懒腰："王子成父他们干得怎样了？"

管仲看了看天色："应该得手了。"

小白哈哈笑道："鲁庄公这傻外甥还等着和我决战呢，想想那傻样我就想笑。"

鲁国境内。鲁庄公还真呆住了，刚刚接到战报，自己的属地遂地被齐军灭了。齐军动作之快，令人瞠目。

遂地一灭，逃难的老百姓迅速流入鲁国，战败的恐惧气氛在鲁国上空弥漫。

当然鲁国人也不全是怯战，鲁庄公的庶兄公子庆父（此人是名震中华的扫帚星）就对齐军不服气，他在朝堂上叫嚣："连打都不打就害怕了，齐国算个什么东西！我们用得着这么怕他吗？"

鲁庄公想了想，觉得庆父说得对，遂地是被偷袭了，可是还没正式开战呢，谁能说得准输赢呢？

鲁庄公刚恢复战争的信心，施伯就来拜访了。施伯道："大王，你别听庆父的，他打小脑袋让门板挤了，思想畸形。齐国三年大治，国力昌盛，我们不是小白的对手。"

鲁庄公好不容易才坚定了信念，听施伯这么一说又开始摇摆不定，一天

到晚脑袋里想的都是打还是不打。

齐军阵营中，小白与一个鲁国女子通宵畅谈了人生，天亮后召来管仲问道："我们下一步该怎么行动？"

管仲沉吟片刻："还需要两封信，鲁庄公就臣服于你了。"

小白一拍手："小意思，那就写呗。"

管仲道："第一封信，已经送到鲁国了。"

这个时候，鲁庄公的老妈文姜正捧着管仲的书信痛哭流涕。当时是公元681年，文姜已是一名中年妇人。如果说女人一生只深爱一个人，文姜的挚爱就是她的哥哥齐襄公。爱屋及乌，文姜也比较喜欢小白，现在管仲来信说小白和自己的儿子闹得不可开交，她当然要管。更何况管仲在信末还特别加了一句：齐襄公地下有知怎么会瞑目啊！

文姜擦干眼泪后吩咐下人准备车辆，找鲁庄公兴师问罪。

管仲为何如此重视文姜？因为他知道文姜是鲁国半个当家的。鲁庄公即位时才十二岁，事事都听命于母亲文姜，而且鲁庄公本人也比较喜欢这种状态。控制鲁庄公难，控制文姜太容易了。齐襄公是文姜的软肋，只要一提他，文姜立马服软。

文姜闯进鲁庄公的宫里，开口就嚷嚷："你个小兔崽子，翅膀硬了是吧？敢和你舅舅顶着干，不就是会盟吃顿饭吗？去就去呗，用得着伤和气吗？"

鲁庄公低着脑袋："是，是……对，对……"一直到母亲离去，鲁庄公也不敢有半点反对意见。

目送着文姜离开，鲁庄公无奈地长叹，罢了！认了吧！可怎么说出口呢？

正在犹豫的时候，小白的亲笔信到了："亲爱的小庄：我和你是亲戚啊，北杏的聚会你不去，这是为什么呢？如果有别的事耽搁了，那也没办法（若有贰心，亦惟命）。我们以后再见吧。"

这是典型的台阶啊，鲁庄公二话不说马上就下："嗯，舅舅，上次我真是有事，生病了（孤有犬马之疾）。您说得对，但是您大兵压境，迫使我承认错误的话，我也太没面子了。是不是先把兵撤了，我再去齐国结盟？"

　　小白乐坏了，立即班师回国摆下场子，这回我要在自己地盘上耍耍威风！

　　鲁庄公此时非常郁闷，被人家逼着结盟，作为一国之君脸面往哪里搁？《公羊传》中记载，有人问鲁庄公："您对去齐国结盟怎么看？"鲁庄公幽怨地说："生不如死（寡人之生，则不若死矣）！"

二十五、侠客祖师爷曹沫

公元前681年（庄公十三年）的冬天，《礼记·月令》记载：水结冰，地面冻结。鲁庄公带了几百人，来到齐国的柯地。远远望去，一座七层高坛拔地而起，高坛四周旌旗招展，战马嘶鸣，雄兵数万一直延续到天边。

这是小白刻意安排好的。高坛是临时搭建，不求最稳，但求最高；排兵布阵更是花样百出，人马全上，场子能摆多大就摆多大。总之就是一定要让鲁庄公觉得咱有范儿，一定要有震慑力，要在气势上压倒鲁庄公。

鲁庄公确实被眼前的场面震住了，他强作镇定走到坛前，刚要带人登坛，只听到一声断喝："站住！齐侯有令，只许一君一臣登坛！"这是明目张胆地欺负人哪！但是有什么办法呢，如今小白动一动手指头，鲁庄公就会被剁成肉酱。小白也是有意报复，北杏结盟，我不带一兵一卒请你，你不识抬举，你不仁，就别怪我小白不义！

鲁庄公带着曹沫上了盟坛，因为气氛太紧张了，据说鲁庄公走一步哆嗦一下（庄公一步一战），曹沫倒是毫不在乎，手持利剑紧紧跟着鲁庄公。

东郭牙看出来了，曹沫这小子是给鲁庄公壮胆呢。不行，他带着剑我不放心，于是上前说道："今日两国君主友好相见，怎么能带凶器呢？请去剑！"

曹沫没说话，眼睛直勾勾地瞪着东郭牙，眼角血管鼓得快爆了（两眦尽裂）。曹沫久经战场，本来就带着一股杀气，加上这么一瞪眼，东郭牙还真怕了，他不由自主地让开路，心里嘀咕着："不同意就不同意嘛，瞪什么眼啊，可吓得我这小心肝。"

登上七层高坛，小白和管仲上前热情迎接。两国君主相见场面很是温馨："舅舅我想死你了。""我也是啊。我们两国友情要万古长青啊！"一

番寒暄，紧接着就是三通鼓。公孙隰朋准备好了两碗牲口血，两人用手指蘸血抹到嘴唇上，就是歃血为盟了。小白刚要端血，冷不丁曹沫扑上前来，一把拽住小白的衣袖。这事发生得太突然，别人都没反应过来，管仲反应比较敏锐，跨步挡在了曹沫和小白之间。

鲁庄公傻了，曹沫来之前说了句莫名其妙的话："然则君请当其君，臣请当其臣。"意思是说，我去了会让你有国君的样子，我也会尽臣子的本分。小庄明白了，这就是"臣当其臣"啊。

管仲冷静地问道："大夫，你要干吗？"称他大夫，算是比较尊重了，这个时候既不能怯懦也不能嚣张，要不曹沫脑袋一热后果将不堪设想。

曹沫一字一句道："齐侯盟会说要辅助弱小，难道就不为鲁国考虑一下吗？"

管仲问道："你想要什么就直说吧！"

曹沫道："汾阳之田，就上次你们抢的那块！"

管仲回头对身后的小白说："答应他吧。"

小白拼命地点头道："大夫别这样，我答应你就是。"

曹沫扔下剑，端起碗递给小白和鲁庄公，仪式顺利进行后，曹沫冷不丁地说："管仲掌管齐国朝政，我要和他歃血为盟。"

小白对管仲掩护自己的行为颇为感动，他不想让管仲降格与那个亡命徒结交，随即说道："不用仲父，我给你发誓。"随后手指苍天凛然道："如不返汾阳之田，我有如此日！"这下曹沫彻底放心了，依礼拜谢小白。手下人端上酒来，宾主尽欢（献酬甚欢），小白一边笑心一边中骂道："曹沫你个王八蛋！"

曹沫劫小白的事惊动了坛下众将，这下可炸了营了。在齐国地盘上玩绑票，绑的还是我们老大，你以为我们齐国军人都是酒囊饭袋吗？众人挽胳膊捋袖子，各拔兵刃。等到鲁庄公跟小白告辞，带着曹沫从他们身边走过的时候，一个个好似饿狼，只想扑上前去将曹沫撕碎。这一切被大元帅王子成父阻止了，王子成父可不是胆小，他知道在这里下手会显得齐国人以大欺小。

鲁庄公刚离开，王子成父带众将跑到小白面前："大王，我们跟上鲁侯，半路上把曹沫——"王子成父做了个割头的姿势。

小白躺在座位上摆摆手："算了，匹夫说话还得算数呢，何况我是王侯

（匹夫约言，尚不失信，况君乎）。"小白一言成就了曹沫，司马迁在《史记》中将曹沫称为古今侠客的祖师。

搞定了鲁国，小白开始思考下一个目标。宋国、卫国还是曹国？一想到卫曹这种小不点国家也敢反对他，小白就无比郁闷。

这时候，突然有人禀报卫曹各派使者前来，小白升帐接见。两国使者首先表达了对小白如滔滔江水的仰慕之情，随即批评自己思想觉悟不高，没有认清形势，加上当时国中有事，老婆怀孕，老爸生病，国君闹肚子，所以没来得及参加会盟。现在一切都安定了，请求加入同盟国。

小白很大度："下不为例。给你们个立功的机会，出兵一同攻打宋国。"两个使者领命回去后，小白立刻派人去见周釐王。毕竟表面上还要听周王的命令，刚给御说定了君位又去攻打，得讲明白怎么回事。

小白派了一个口才好、会搬弄是非的使者，这使者也是有意卖弄，把半辈子打小报告的经验全用上了。果然，半个时辰之后，公子御说在周王心目中的形象由三好学生变为地痞无赖。气愤之余，周釐王派大夫单蔑带兵助阵，恰好路上又遇陈曹两国带兵相助，大队人马直逼宋国。

二十六、最佳推销员宁戚

公子御说见鲁、卫、曹都已臣服于齐，心知大势已去。但是御说天性吃软不吃硬，不就是打架吗？老子跟你拼了。

御说的性格与宋国当地的民风有很大关系，宋国的封地最早是周朝用来流放商朝遗民的，这些被流放的人多是胆大心狠、敢于反抗的主。当时的宋王其实是个监狱长，这种环境下出来的人天生一股子横劲。御说就是其中的杰出代表，又横又聪明。

御说的态度激怒了小白，他在宋国边界上召开紧急军事会议，准备和御说大战一场。管仲倒是不着急："大王，先等两天，我已经派一个人去说服御说投降了。"

小白不抱任何希望："御说不好说服啊，你派谁去的？"

管仲很有把握："宁戚！"

小白心中略感踏实："他去？嗯，有希望。"

在此请允许笔者介绍一下宁戚，此人自我推销的能力连卡耐基都自叹不如。

宁戚是卫国的小老百姓，差不多属于最底层的那种，但此人身负大才。凡是有大智慧的人，如果从基层小官做起，一般很难有什么起色。

比如管仲，他年轻时也有远大的抱负，曾经向齐僖公推荐自己的理论，齐僖公睡着了。后来管仲向齐襄公推荐自己的理论，齐襄公叫他滚出去。幸运的是管仲遇到了小白。

这就是小白的真正能力所在，只有在他的领导下，齐国才会豪杰辈出，因此说他因人成事有点不客观，倒不如说人因他成事。宁戚看中了这一点，

决定向小白推销自己。

《吕氏春秋》中这么记载：小白外出，听到宁戚在唱一首歌，从歌中小白听出宁戚不是普通人，把他叫过来谈了谈，觉得不错，于是小白将宁戚从放牛娃升为齐国大夫。

有这么凑巧的事吗？很多人问宁戚放牛之前是干什么的，宁戚打死也不说。为啥不说？这里面有猫腻。下面由宁戚本人爆一下内幕：

其实当时我在卫国混得还算好，我一直觉得我是世上少有的治国奇才，但是卫国的当权者都不怎么鸟我。后来我犯了点事，什么事我就不说了，反正历史上也没记载，正在我倒霉之际齐国传来大王纳贤的消息，我很兴奋，连夜就跑去了齐国。事情出乎我的意料，投靠大王的人太多了，而大王平时又很忙，我寻思着照此情形猴年马月我也出不了头。

我开始愁得一宿一宿睡不着觉，突然想起了姜子牙钓鱼见周文王的传说，我决定也演这么一出戏。

如果一个女的喜欢一个男的，投怀送抱永远是下策，让他得来不易才是正理。我要让大王来找我，这样他才会尊重我重视我。我初步的方案是这样的，先制作一个能表现我才能的歌曲（大王好声色），然后假装和他偶遇，让他了解我的本事，这样大王就会觉得捡到了宝贝，定能好好珍惜我了。

那时是文盲社会，还没有普及九年义务教育，因此以我的绝世聪明做出来的小曲子吸引大王是没问题的。

歌词如下：南山灿，白石烂，中有鲤鱼长尺半。生不逢尧与舜禅，短褐单衣才至骭。从昏饭牛至夜半，长夜漫漫何时旦？

做好歌词，我开始策划一场"偶遇"。我想，放牛这个职业流动性比较强，便于找到大王。当然我放的牛比较倒霉，哪里有大王我就去哪里，才不管牛有没有草吃。

这天，我听说大王去鲁国，急急忙忙赶着牛在路上等候，等了一天愣是没见大王踪影，小道消息害死人啊。又有一天，我听说大王要去北杏，急急忙忙去路上等，结果到了那儿只看见车子的背影，大王已经走了，都是那该死的老牛走得慢。半个月后我得到了准信儿，大王要出城打猎，我半夜就爬起来赶着牛出发了。那天挺冷，我挨了一早上的冻，终于看到大王的车驾朝我驶过来了。我很激动，表演的时间到了！但是最后，我傻呆呆地看着大王

的车绝尘而去——奶奶的，我忘词了。

时光飞逝，我不能让岁月蹉跎了，于是暂时带着我的牛牛加入了一支商旅队伍，他们见多识广消息灵通。有一天晚上我们在齐国城门边安顿，我正给我的牛添草，突然看到火光冲天。不是着火了，而是大王出城迎接贵客。我的感情失控了，带着悲怆的哭音唱起了默念了千万遍的歌曲：南山灿，白石烂，中有鲤鱼长尺半……

为了避免清唱导致的尴尬，我用木头敲牛角伴奏，一不小心就把牛牛带进了史册。大王果然听见了，他很欣赏："异哉！之歌者非常人也！"大王约见了我，向我询问国家大事，我把我知道的东西全倒出来，大王很满意。第二天大王又召见我，畅谈一番后决定任用我。但是大王手下一些臣子的提议吓得我一身冷汗，他们认为既然我是卫国人，就应该派人去卫国调查一下，看我是否是一块好料。关键时刻，大王说："别去了，万一真犯过什么错误，被你们查出来了，人家下不了台以后还怎么做大事（以人之小恶，亡人之大美，此人主所以失天下之士也已）！"实在太让人感动了！

我做了部长后，和同事们相处很融洽，唯独竖刁让我讨厌，他总揭我老底，说就凭一首破歌根本显不出我有什么能耐。其实我知道他是嫉妒我，我和大王一见面就成了部长级人物，他把自己阉了才得到接近大王的机会，心里平衡才怪。这个死阴阳人，大家都是穷苦人，何必互相踩踏呢！

我心里憋了口气，决定找机会立个大功。就在这时候，管仲先生派我出使宋国，听了他的计划后，我一拍大腿：就这么干！然后找了个两轮车，让随从赶着马就出发了。

二十七、一言喝退数万兵

宁戚到了宋都城雎阳，他知道这件事的难度。这可不是给一个幼儿园小班学生一块糖哄他认错，而是对一个充满傲气的君主说："你投降吧。"

御说正组织军队准备开战，有人禀报齐国宁戚来见。御说纳闷了，问身边大臣叔皮："这是什么意思？"叔皮很聪明，御说在北杏盟会上撤兵回国就是他的主意，他沉吟了片刻，道："听说这个人以前是喂牛的，这种人能混到高级官员的位置肯定是口才好。嗯，他是来劝降的。"

御说又问叔皮："我该怎么处置他？"

叔皮嘴角露出一丝坏笑："既然他是来游说的，无非凭着张嘴。接见他后我们不说话，把他晾在那儿，他还不只剩尴尬了？倘若他非要说的话，那也没关系。话多了难免有不中听的地方，我们抓住把柄杀他个名正言顺，杀一杀齐国的威风。"

叔皮的计策非常周全，几乎把宁戚要走的路都封死了。

御说非常高兴，为了找出宁戚的错，他命令叔皮在旁听着。只要叔皮揪住宁戚的小辫子，就拽一下腰带，御说随时准备下手。

宁戚在外面等了很久，心里非常清楚，他们这是商量怎么对付我呢。终于御说传他进宫，一进大殿宁戚就觉察出一股森严的气氛。宁戚心知这个时候绝对不能露怯，于是昂着头大踏步地走上前，对着宋王深施一礼。

御说木雕一般，没任何反应，甚至没正眼看宁戚。在场所有人都在等着看宁戚的笑话。

宁戚转过身仰天长叹："宋国要亡啊（危哉乎，宋国也）！"

好家伙！自言自语也就罢了，来这么一猛料。御说的脸一下子就变了，他为什么说我的国家要灭亡了呢？不行，我得问问。于是开口道："我位列

上公，怎么说也算得上诸侯之首，为什么说宋国将亡？"

眼见鱼儿上钩，宁戚也不着急了，慢悠悠地问："请问明公比周公如何？"

周公在世时周朝处于全盛时期，但凡有点称霸念头的诸侯都把周公视作偶像，御说自然是周公的铁杆粉丝。御说道："周公是圣人，我哪敢和他比啊？"

"虽然周公时代天下太平，但是他非常敬重天下的贤士。现在天下动荡不安，群雄角力，宋国刚刚平复国乱，您就如此对待我这样的宾客。就算我有好的治国建议，我会告诉您吗？如果周公活着，他会这样对我吗？"宁戚义愤填膺，越说越激动。

这顿教训果然让御说心服口服。道理很简单，如果让刘德华的粉丝向华仔学习，他们也会欣然接受。他慌忙站起来："我刚即位，不懂事，您不要见怪。"

宁戚一身的冷汗，心说你都想宰我了，老子当然见怪。这时宁戚余光一瞥，但见一旁的叔皮正狂拽腰带，宁戚纳闷了，宋国人都什么毛病啊？

御说没理叔皮，转脸又问宁戚："先生有什么要教我的？"

宁戚得意洋洋地摆出老师的架子："当今诸侯人心涣散，齐侯不忍心天下大乱，奉王命会盟诸侯。明公啊，这次会盟是给你定位啊，你半路上跑回来，这等于定君位没成功，你白跑了一趟！这也就罢了，天子已经生气了，派人来讨伐你，你既抗了王命，又要对抗王师，胜负还用得着猜吗？"

有心的人会发现，宁戚上面所说的话，凡是说天子的都可以用小白来代替。而王师更谈不上了，讨伐主力是小白的齐国兵。这就叫艺术，御说吃软不吃硬，你要说齐侯怎么样怎么样，就会引起御说的反感，他小白算个鸟啊。这么讲是给御说面子，你是给周天子投降，不是小白，不丢人。

其实御说清楚当前的形势，几国人马交锋，对宋国没好处，毕竟他刚即位。现在宁戚把他说得气儿顺了，就此顺坡下驴吧。

"我一时失策，得罪了齐侯，现在他能接纳我吗？"

宁戚心中大喜，脸上却不动声色："不用担心，有我在，齐侯会答应的。"

宁戚坐着小车一溜烟跑回了大营，千军万马黄土飞扬，列国军队正作势

猛扑，宁戚一个口哨全给招呼回去了。此次出使宋国，宁戚为齐国挣足了面子，也让东周列国知道江湖上有他这么一号。

不久御说派人前来谢罪，同时献上白玉十珏，黄金千镒。这些宝贝小白一点儿没要，全都给了周朝使者单蔑。

其实小白的做法和管仲制定的国策有关，当时齐国为了称霸，对外奉行厚往薄来，就是说金钱物品之类尽量少贪人家的，但是如果有必要给别人，一定要多给。当然管仲做法也不赔本，给出的钱做买卖的时候都赚回来了，更重要的是不欠人情。

齐宋再次重归于好，想不到的是，未来发生了一场政治风波，正是因为宋国的坚定支持，为齐国赢得了反扑的宝贵时间。

小白和御说不打不相识，这大概是人们常说的英雄惜英雄吧。

二十八、郑国往事

如今齐国已成了脱缰的战马，伐鲁征宋，威震中原。放眼一看，前面除了徐国之流的虾米国家，只有一座高山阻住了小白称霸之路，即郑国。

郑国是最令管仲头痛的中原国家。先说郑齐两国的关系，小白与郑国国君公子婴倒是没什么纠纷，问题在于小白的哥哥齐襄公。公子婴有个哥哥叫子亹，齐襄公与文姜的色情事件暴露之后，为了树立正义形象，第一个就是拿郑国国君子亹开的刀。齐襄公大家都很熟悉了，天底下就没有他不敢干的，没事把子亹叫出来叙兄弟情，赶巧子亹这孩子实在，傻乎乎地去了。两人一见面，齐襄公就下令把子亹给剁了。原因很简单，子亹做的事他看着不顺眼。宰了子亹后，齐襄公觉得不过瘾，又命人将郑国的相国高渠弥五马分尸（七月戊戌，齐人杀子亹，而轘高渠弥）。

关键是子亹从来没得罪过齐襄公，这下子郑齐两家的仇可就深似海了。

关系差也就罢了，偏偏郑国还不好欺负，作为中原一个大国，地形易守难攻（前嵩后河，右洛左济，虎牢之险，闻于天下）。

难攻打也就罢了，偏偏郑国离得又远。齐国的首都在现在的山东淄博临淄，郑国位于现在的河南郑州，坐火车还得花段时间呢，更何况当时要走着过去。

与对付郑国的盟友楚国相比，在管仲眼里，以上的问题都不是问题。

也许是上天故意安排楚国与齐国对抗。就在小白做齐国老大之时，楚国发飙了，短时间内放倒了六国（灭邓，克权，服随，败郧，盟绞，役息）！

发现向南发展没什么前途后，楚国将眼光投向了中原。而郑国乃是中原枢纽式国家，控制住这块肥肉就可居高临下俯视天下。如今齐国想在楚国口中夺这块肉，难于上青天。

一天，小白正在宫殿里发呆，自从决心做霸主以来，他还从来没这么丧气过。他惦记郑国不是一两天了（久欲收之，恨无计耳），可是郑国这块肥肉满身是刺，如何下口呢？

正在此时，管仲来见："大王，是时候远征郑国了。"

小白苦着脸问："仲父，我们是不是该向宋国借点兵？我觉得难度挺大。"

管仲笑道："借兵也打不下来，现在最要紧的是抓紧联系郑国附近的朋友，有他的帮助我们动手就方便了。"

小白更奇怪了："郑国附近好像没有我们的朋友吧？"

管仲神秘一笑："大王，您别忘了，敌人的敌人就是朋友。"

让我们将注意力转向郑国。

郑国的历史真的是很纠结。郑国的国君世袭伯爵（以后我们称郑伯），第三任郑伯郑庄公是个经天纬地的牛人，后世人称他春秋小霸。此人在位鼎盛时期，连强大的齐国也对其俯首称臣，倘若管仲与他处于同一时代，齐国霸业可就难说了。郑庄公英雄一世，没想到自己死后手下一个大臣露出了狰狞面目，这个大臣是个手眼通天的人物，祭足。

让我们看看祭足的华丽登场：郑庄公死后郑昭公继位，不出一年，郑昭公的弟弟郑厉公继位。紧接着，郑厉公忍受不了祭足的政治束缚，想反抗。无奈胳膊拧不过大腿，祭足让他滚蛋，又让郑昭公继位。又不出一年，郑昭公被大臣高渠弥干掉，郑厉公的弟弟子亹继位。一年后大流氓齐襄公把子亹剁了，子亹的弟弟郑子婴继位。

除了大流氓齐襄公那段插曲，所有的一切只有一个幕后黑手，祭足。在祭足这个太上皇级大臣的统治下，郑国换国君的速度比换衣服还快。祭足如此横行无忌，就没有人敢管吗？有！还不止一个。被放逐的郑厉公召集齐、宋、卫、陈四家合兵讨伐祭足，不但一点便宜没占着，反而损失了人马（桓公十五年经，冬十有一月，公会宋公、卫侯、陈侯干蔜，伐郑）。

郑厉公很失望，但是他没有绝望。毕竟他的体内流着郑庄公的血，也是个狠角色。遗憾的是，祭足比他更狠！无奈之下郑厉公玩了个绝的，我也不

去别的国家逃亡，我就留在栎城（今河南禹县，位于郑都西南90里，为郑国别都），打不过你我可以等，等到你死，反正你岁数比我大。

公元前682年的一天，郑国举国哀悼，一代政治家祭足终于放开手中的权力，撒手西去。就在祭足家人哭得昏天黑地的时候，在栎城避难的郑厉公也哭了，不过他是喜极而泣。

"太好了！为了这一天我等了十七年，十七年啊……我该怎么表达心中的喜悦啊！"积压了十七年的仇恨在一瞬间释放。那天，郑厉公的家里锣鼓喧天鞭炮齐鸣，小厉解放了。

在这十七年里，小厉可一点也没闲着。首先在生活上他一点都没亏待自己，栎城虽小，还是照着国君的规格建了个小号的宫殿。搞完建筑问题，小厉又开始组建自己的军队。当然屁大点的县城顶多也就组织个县大队武装，但是小厉乐此不疲，可以说他就指着这点希望活下去，春秋时很多国君遇到他这种情况早抹脖子喝农药去了。

但是小厉并没有高兴多长时间，他心中的阴云还没有散尽，就想起子婴还在王位上坐着，子婴肯定不舍得把国君的宝座让给他。

与栎城遥遥相对的是由重兵把守的郑国军事重地大陵，大陵是从栎城通往郑国国都的大门，看门人是郑国守将傅瑕。祭足从来没有忘记过郑厉公，他知道这只阴险的小豺狼随时会窜出来发动致命的攻击。尽管郑厉公现在不成气候，但无论如何一定要防备。因此他选了军事上信得过的傅瑕把守大陵。就这样，傅瑕和小厉同志摆着牛郎织女的姿势，对望了十七年。

二十九、郑厉公归来

就在小厉为如何解决傅瑕愁白了头时，一天早上有人匆忙前来禀报，一支军队开到栎城下，对方来势汹汹，看来最少也有两万人。小厉心里咯噔一下，奶奶的，郑子婴这是不让我活了。正自心惊之时，手下有人乐呵呵地来报，来的是齐国兵。

齐国兵？他们肯定是来帮我的。最近姜小白想做中原老大，来找我帮忙了。嗯，这笔买卖好做。

小厉像欢迎亲人一般欢迎齐国带兵大将宾须无，总算找到组织了，有什么需要帮助的尽管说（反正帮你就是帮自己）。宾须无也没客气，说齐国可以帮小厉打下郑国，事成之后必须尊齐国为中原盟主。

小厉半秒都没犹豫："成交！"

就这样，一方有兵，一方熟悉郑国地形弱点，两相联手，攻下大陵指日可待。

恰好这个时候，从郑国传来一个很有利的消息。郑国南门里外都出现一条蛇，两条蛇纠缠在一起打斗，最后外蛇一口咬死了内蛇，然后爬进郑国的太庙。

这个消息的影响力完全超出了郑伯公子婴的预料，因为民心变了！高明的政治家都知道民心就像滔天的洪水，不管你采用什么手段，只要能利用民心，任何敌对势力都能冲刷干净，而且寸根不留！

因为西周初年，周公大力普及君权神授，老百姓都奉行正宗。外蛇爬进太庙那说明天神预示外蛇才是郑国真正的统治者，天意不可违啊！谁是外蛇呢？很明显，郑厉公呗！

关于内外蛇相斗，应该是个谣言。问题是这个谣言是谁造的呢？根据最

终受益推测，管仲和小厉二人最有嫌疑。

先说管仲，这个消息正好出现在小白要称霸之时，实在太巧了。十七年了，没有早一步也没有晚一步，偏偏在齐国要打郑国的时候外蛇开始咬内蛇。另外，管仲是心理战的高手，对付鲁宋两国都是不战而屈人之兵，忽悠加恐吓是他常用的手段，因此他很有可能散布这种谣言。

再就是小厉了，奇怪的是小厉早些时候怎么没想到这个主意，难道是害怕祭足？不过，这件事小厉的可操作性比较强，人熟地也熟，干这个活麻利。

总之，散播消息的人目的达到了。

小厉兴奋地将两蛇相斗的消息告诉宾须无，宾须无随即祝贺小厉，建议马上起兵。小厉猛摇头："这可使不得，这个仗要晚上打。"

宾须无暗中佩服小厉聪明，懂得运兵用奇不用正。当然，如果他知道小厉的真实意图，更会佩服得五体投地。

其实小厉真正害怕的是楚国，这场战役他已研究了十多年，最后得出结论是，打起仗来必须快。否则公子婴一旦察觉，必会向楚国求援。强大的楚国一旦介入，这场战争必定会成为拉锯战。齐国长途奔袭，经不起这个折腾，必然兵败而退，到时候很可能连栎城老窝都得让公子婴端了，因此小厉要夺得战役的指挥权，于是他对宾须无说道："这次由我和傅瑕正面作战。"

宾须无一听就不乐意了，怎么着我成预备队了。小厉看出他的疑惑，解释道："将军的任务更重要，断他后路！"

这天夜里，大陵城异常安静。傅瑕正在家里休息，突然有人来报，说郑厉公的人马在外面攻城。

"谁？郑厉公？哈哈，这小子就那么一个县大队武装还想来攻城？我明白了，他一定是想打回城想疯了，出了一个夜间偷袭的计谋。既然这样——"傅瑕眼珠一转，"我来个将计就计，出城把他活抓了。逮住他的话，我就再也不用守这个破城了，郑都城才是我的温柔乡啊。"

傅瑕欺负小厉力单势孤，打开城门与小厉交战。仇人见面分外眼红，谁都想把对方活剐了。正杀得眼红，小厉突然后退数步，对着傅瑕大喊："逆贼，你看大陵已归谁了！"傅瑕回头一看，顿时吓得魂不附体，眨眼功夫城

墙上居然插满了齐国的大旗。原来宾须无动作迅速，趁着傅瑕与小厉短兵相接之际，早已杀入城内。

摆在傅瑕面前有两条路，要么为国战死，要么向仇人投降。

傅瑕想也没想就跳下车，"饶我一命吧。"

小厉眼睛都成血色的了："饶了你？门都没有！刚才你还想砍了我呢！我要不杀了你，就不是男人！"然后果断地吩咐左右把傅瑕拉下去杀了。傅瑕一听，吓得腿都软了，心道这种情况想让郑厉公改变决定，只有一个办法了，那就是给他一个不能杀我的理由。

"您不想回郑国了吗？"傅瑕边挣扎边喊道。

小厉一听，忙让人把傅瑕拉回来："你什么意思？"

"您如果放了我，我愿为你杀掉子婴。"

小厉上去啪啪两巴掌："你当我傻子啊，你能有什么办法杀子婴？想骗我？没那么容易（不过以甘言哄寡人，欲脱身归郑耳）！"

小厉下手太狠，打得傅瑕眼冒金星，他甩了甩头解释道："我和上大夫叔詹是好朋友，他现在掌管郑国政务，只要我们联手，定能将子婴的人头献给你。"

小厉心中大喜，好主意啊！他想了想，上去又啪啪给傅瑕俩嘴巴："要是你们两个联手拒我，我不倒霉了？"傅瑕被打得满口是血，嘟嘟囔囔地说："我的家眷都在大陵（瑕之妻孥见在大陵），您可以把他们当人质。"

小厉终于放心了："办法不错，你走吧。"

话说叔詹熟睡中被前来拜访的傅瑕叫醒，顿感一种莫名的恐惧："你不是守着大陵的吗？怎么半夜回来了？"

傅瑕垂头丧气道："大陵丢了，齐兵大军护送郑厉公回国，马上就要到了。你现在要么帮我杀掉子婴保住荣华富贵，要么把我杀了。"

叔詹沉吟良久，傅瑕会不会已经控制了都城局势？我若是不答应他，他可能要杀我，反正我以前没得罪过小厉，他应该不会为难我，投降就投降吧。随即说道："我一直都盼着小厉回来，但是没办法，祭足拦着。"两人达成协议，就此定下计策。

傅瑕把一切都安排好之后才去拜见子婴，把大陵丢失的事情说了。子婴

脑中闪过的第一个念头就是找楚国帮忙，于是命使者火速赶往楚国。

使者还未出城，就被叔詹拦下，子婴最后一根救命稻草没了。

子婴向来胆小怕事，眼看兵临城下，更是束手无策，慌忙请教叔詹："我们该怎么办，是不是关门待援？"

叔詹说："大王，您不要担心，我带兵出城与他们决一死战。"子婴叮嘱道："先生多加小心。"叔詹不说话，心说你也多加小心吧。

有时候眼睛看到的不一定是真的，下面笔者来讲解一下。

子婴在城门上看到：叔詹带兵出城，与郑厉公打了几个回合，突然宾须无引兵赶到，叔詹兵败逃向城门，齐兵紧追不舍。

事实：叔詹带兵见到郑厉公，交战过程中向郑厉公道歉表忠心，并告诉他，随我来，有我在，城门关不了。

看见齐兵进城来，子婴吓坏了。正不知怎么办时，离他不远的傅瑕扯开嗓子大声喊："郑军败了，快逃命吧！"城门上的士兵一听，顿时乱成一片，纷纷丢下武器，四散逃走。傅瑕趁乱一刀结果了子婴。

三十、屠杀开始

傅瑕解决子婴后，发疯一般向宫里跑去，因为宫里还有子婴的两个儿子。

斩草不除根，春风吹又生。小厉的反扑让傅瑕深刻认识到这句话的重要性，万一子婴的儿子逃出宫去，岂不又是一个郑厉公？太可怕了！

傅瑕刚跑进宫里就遇到子婴的两个儿子，于是假装着要保护他们，道："小公子，快往这边跑，我带你们去安全的地方！"俩孩子已经六神无主，见傅伯伯热情招呼，急忙跑了过去。

"乖，我送你们走……"

公元前679年郑厉公挥师进了都城，老百姓欢声雷动，犹如久旱逢甘霖。这也不奇怪，郑厉公本就深得国人拥戴，加上外蛇咬内蛇的传言犹如瘟疫般蔓延，老百姓早吓怕了。现在正统继承者回来，当然是举国欢庆（国人素附厉公，欢声震地）。

小厉对宾须无千恩万谢，拍着胸脯保证十月份亲自去齐国要求联盟。宾须无顺利完成任务，乐滋滋地回国向小白报告喜讯。但是有一件事他没有向上汇报，因为那只是他自己的猜测，他觉得小厉让人猜不透，将来也许会给齐国带来麻烦。

宾须无想的一点没错，小厉的城府深不见底，他对权力的欲望超过任何人。终其一生，都没有人能够真正控制他，更不要说向齐国俯首称臣。

送走宾须无，小厉着手治理国家，稳定民心，大赦天下。短短几天时间，郑国就恢复了以往的平静，但是事情没有这么简单，一切才刚刚开始。

小厉正磨刀霍霍呢!

这天朝堂之上,众大臣禀报完自己手头的事后,沉默了一会,小厉看向傅瑕:"你为子婴守大陵十七年,真是忠心可鉴,这点我很欣赏你。"

傅瑕让小厉说得心里直发毛,他猜不透是什么意思。中国人说话向来重点都在后半句,傅瑕的心跳得像敲鼓,不知小厉想怎么样。

"但是——"果然,小厉的眉毛都竖起来了,"你为了活命竟然弑杀旧主,你知不知道我最讨厌不忠于旧主的臣子?我要为子婴报仇!"说完立即喝令兵士将傅瑕斩于街市。

小厉这一着是大清洗运动的前兆,这一举动令一个人恐惧不安,此人便是大臣原繁,因为他曾经拥立子婴。原繁心道我还是躲一下风头吧,省得成为傅瑕的继任者。

于是小心翼翼地向小厉请假:"大王,我最近身体不舒服。工作干不下去了,你看我能不能不干了?"

小厉目光凌厉:"你想不干了?你知不知道我最讨厌忠于旧主的臣子?"原繁郁闷了,不忠的臣子,你不喜欢,忠君的臣子你也不喜欢,总之我就是不招你待见。原繁这人也是死心眼,心里想不开,回家就找根绳上吊了。

又过了两天,小厉找来公子阏谈话:"当时你参与把我赶出郑国,对吧?"公子阏磕头像捣蒜,连呼自己错了。"不行呀,"小厉慢悠悠地说,"有的错是不能犯的,你死去吧。"

又挂了一个。

小厉心中默默盘算,现在还剩强鉏。只有把这些有异心的人都干掉,才能真正坐稳。

强鉏早料到会有今天,城门已经封死,一旦被郑厉公抓住就死定了。强鉏果然是个强人,经过考虑,他逃进了叔詹的家。

强鉏明白小厉在乎的并不是大臣是否忠于旧主,而是是否忠于自己。叔詹有拥立之功,而且又有才能,很受小厉信任。小厉或许会给他一个面子,所以躲进他家里大概会安全。

当小厉差人抓捕强鉏时,强鉏玩起了街头泼妇的把戏,抱住叔詹的腿又

哭又叫。兵士碍于叔詹的面子不好意思拉他，怕强行抓捕的话得两个人一块抬走。

叔詹劝道："这样吧，你放开我，我去向大王求情。"

说罢，进宫拜见小厉。小厉对强鉏恨之入骨，但是叔詹的面子又不能不给，因为以后还要靠他治理国家（叔詹被称为郑国"三良"之一）。沉吟良久，小厉说："这样吧，饶他一命可以，但是得剁去双脚（刖其足）。"叔詹心说也只能这样啦，再多说的话，大王恐怕要发怒了。于是谢恩离去。

强鉏见到叔詹，忙问结果如何，叔詹点了点头。强鉏喜出望外，叔詹等他高兴完了一脸沉重地说道："出去走走吧，以后没机会了……"

公元前680年，冬天来了，万物凋零，一切都归于沉寂。但此时齐国鄄城的夜晚却是热闹非凡，小厉如约而至。

一进门，呵，都是近几年新起来的大人物。小白、御说、卫侯，还有周天子的代表单伯。

小厉再次对小白表示感谢，小白点点头表示接受，然后单刀直入道："我觉得很有必要建立一个维护周朝的同盟，你觉得怎么样？"小厉笑道："齐侯说的很对。"

既然大家都没意见，那好办。小白大手一挥：宣誓！

齐、宋、郑、卫四国海誓山盟之后，三家诸侯皆准备告辞离去的时候，小白慢悠悠地说道："都不准走，周王有份诏书要公布。"诸侯正惊疑之际，见单伯匆忙离座，走了。

诸侯们疑惑小白是要绑票，因为以前有齐襄公借会盟之机杀掉郑国国君的前例。但是谁也不敢走，小白翻脸比翻书还快，只要走就打你，御说吃过这个亏。

小白让单伯前往京都讨盟主认证书去了，因为未获得多数国家的承认，小白一直没提这个话题，现在时候到了，周王必须亲口承认姜小白是霸主。

小白之所以不让三家诸侯走，是因为各国诸侯路途遥远，来一趟不容易，借这个机会让这些杨白劳在盟主合同上把手印按了。周天子下诏，诸侯们按手印表示同意，霸主之位才能名正言顺地坐着。

漫长的等待之后，单伯带着周王的旨意回来了，陈宣公闻讯也过来凑份

子，大家众星捧月般将小白请上盟台。

君临天下，傲视群雄。此刻中原大地上，但凡有点名气的诸侯，都要仰视小白。

春秋五霸的争夺战就此拉开帷幕。

《左传》："春，齐侯、宋公、陈侯、卫侯、郑伯会于鄄"，"复会鄄，齐始霸也"。

三十一、霸主威风

　　齐国称霸使得齐国的老百姓扬眉吐气，更为重要的是大家的生活水平直线上升，在以管仲为核心的五部委领导下，人人各显其能。据说齐国在朗城之战失利那年，农业的产值比往年增长了一倍，而农业部的负责人就是管仲推举的宁越。

　　管仲不是神，但是他推荐指挥人才的能力却已经达到了出神入化的地步。

　　当然，所有的胜利果实都会归于姜小白一个人，小白一下子成了国人的偶像。

　　每一天人们都能看到这样的情景：齐国都城大街上，一辆豪华马车慢慢驶过，车上一名男子披散着头发（绝对是东周的新款发型），敞着怀，腿上坐着一个绝色美人。男子搂着美人，不时地往嘴里灌酒。

　　此人便是小白（桓公被发而御妇人，日游于市）。

　　周围的人全都用羡慕的目光注视小白，议论纷纷："这就是我们的国君，太潇洒了，自从他即位，我们的日子好过多了。""是啊，神一般的人物。"

　　这样的君主，借用一句话：一直被模仿，从未被超越。

　　其实老百姓不在乎君王的作风，只要大家的日子过得舒坦，疼他还来不及呢！

　　慢慢地，小白的粉丝发现一件事情，偶像喜欢紫色，无论在哪个场合出现，都会穿紫色衣服。

　　忽如一夜春风来，齐国大街上开始流行紫色衣服，上至王侯下至奴婢，有件紫衣服穿是相当值得炫耀的一件事。

一时间，紫色布料奇缺。据记载，生绢在当时是一种相当昂贵的布料，但是有人为了弄到一匹普通紫色布料，宁肯用五匹生绢来换，而且人家还不一定同意（五素不得一紫）。

这件事闹得太大，传到了小白的耳中，当时齐国的经济刚刚起步，还没到财大气粗的地步。小白苦着脸对管仲说："紫色衣服那么贵，老百姓还争相购买，都是我造成的。我该怎么解决这个事呢(紫贵甚，一国百姓好服紫不已，寡人奈何)？"

瞧瞧人家这领导人的觉悟！

每当看到有人评论小白除了好色嗜酒什么也不会的时候，笔者就觉得好笑。须知齐国能人辈出，都是因为他在。怎么就没有人说小白关心百姓的衣食住行呢，难道大家只会抓住别人的作风做文章吗？

管仲笑道："大王，解铃还须系铃人，此事你这么办……"

几天后，小白召几个近臣谈事情，谈得正欢之时，小白忽然掩住鼻子对易牙说："易牙，你离我远点，远点，再远点。对，在那个角落里就行了。哎呀，你身上那件紫色衣服味道太难闻了。"

不穿紫色衣服的都坐在小白身边，就易牙发配墙角了。易牙这个委屈啊，都是这身衣服闹的。

第二天，再也没有大臣穿紫色衣服。

小道消息是世界上传播最快最深远的消息，第三天，齐国的人就都知道小白讨厌紫色了。等到再次出城游玩时，小白乐了，齐国没人再穿紫色衣服（三日，境内莫衣紫也）。

当然，小白也不再穿紫色服装了。

解决了衣服的事情，小白高高兴兴地出门远游，玩性正浓的时候突然看到一片废墟。废墟面积太大了，一看就是富庶人家。小白很奇怪，他们遭遇了什么重大灾难，以致于家破人亡？

小白请教一个当地人，估计那人也不知道他是齐王，随口答道："这是郭氏宗族。这家的主人可有意思了，嫉恶如仇，遇到好人就喜欢得不得了。"

小白心生疑惑："停！他这么做不对吗？这是做人的基本素质啊（善善恶恶乃所以为存），怎么落得个族灭的下场呢？"

　　那人不屑一顾："好什么呀，他喜欢好人，却不能任用。结果好人一看，你光说喜欢我，也不重用我，这不是糊弄人吗？"那人越讲越来劲，"这也就罢了，他天天骂坏人，却不除掉他们。坏人更恨他了，我给你干活，你还天天说不喜欢我，我心坏就该没尊严啊？好人坏人全让他得罪了，他不倒霉都没天理。"

　　回去的路上，小白沉默不语，紧锁着眉头想了很多很多。

三十二、暗流涌动

世情推物理，人生贵适意，想人间造物搬兴废。吉藏凶，凶藏吉。富贵哪能长富贵？日盈昃，月满亏蚀。

正当小白处于月满大吉之时，凶相却在萌生。

其实小白的人生经历和《周易》六十四卦中的乾卦特别相似。他现在正是第二爻见龙在田，齐国的实力和霸气辐射到中原的每个角落，自然影响到各大诸侯权力的正常行驶，四面八方的敌对势力开始酝酿。小白即将进入乾卦的第三阶段夕惕若厉，就是说要谨慎行事，不要太张狂。可是他的本性就是好大喜功，不让他张扬实在是太难了。

幸运的是，管仲的命运更符合坤卦的特点，两人属于绝佳的乾坤配，当危险到来之时，且看他们如何扭转乾坤。

管仲同样没有意识到潜在的危险，他正和小白讨论如何对付中原周边的戎国以及南方的楚国。秦晋两国都在西部偏远地区，目前都没有争霸的意图，对齐国构不成威胁，但是南方的楚国到处征伐，势力越来越大，两国的交战不可避免。

没想到的是，北部的戎国令支已经策划行动了。令支国位于燕国和齐国之间。齐国未称霸时，令支国的日子比较悠闲，想打谁就打谁。没事到齐燕两国边境骚扰一下，抢点粮食美女，过着流氓加强盗的生活。

齐国一称霸，令支国老大密卢就害怕了，他担心齐燕两国会联合夹攻，于是打算断了齐燕的通道，让他们无法联合。

可惜密卢同志没有抓住时机及时行动，在他想联合中原潜伏国家对齐国打套组合拳的时候，刚好有个国家要公开反叛。

事情还要从管仲接到的一个紧急军情说起。

御说来信请求小白帮忙收拾自己的一个附属国郧国，因为这小家伙最近想搞独立，妄图摆脱附属国的地位。

这个请求合情合理，小白不好拒绝，不过他对御说的意图有点迷糊，于是问管仲："宋国打算怎么收拾郧国？打服为止还是想扩张地盘？" 管仲思索片刻："按照御说的脾气，便宜没占够是不会收手的。"

一听御说要扩地盘，小白很不高兴，可又不得不去帮忙。他表面上爽快地答应了，却暗中吩咐带兵将领："这次偷点懒，别傻乎乎地拼老命干活，记住，我们就是帮忙的。" 为了壮大声势，小白还叫上了铁杆小弟郕国。要说郕国，那可真够意思，随叫随到，只要是小白的事，都没含糊过。

三个国家打一小不点儿，这就好比初中生打幼儿园小朋友，一点悬念也没有。

郧国国君却没有害怕的意思："哟！他们来了。守住城门啊，我去睡个午觉。"

三国大军在郧国城门前摆开阵势，御说准备大显身手，一举把这块肥肉吞下口。此时却有一骑突然飞奔至御说驾前："大王，不好了，我们遭到郑国的偷袭，丢了两座城池。"

御说这才想起后防空虚，几乎没有任何武装力量。他怎么也想不明白，郑国不是听命于小白了吗？事前怎么一点消息也没有啊？

他再也没有心思打郧国了，慌忙带兵回国防守。

敢情小厉压根就没把小白当回事。这年头，合同没有任何法律效力，我郑厉公不服天管不服地管，你小白算什么！

小白愤恨地问管仲："他们那不是说话不算数吗？玩我啊？我非要郑国付出血的代价。"

管仲第一次开始认真看待小厉，流氓不可怕，就怕流氓有文化，可恨的是这个流氓还是国家元首。

什么也不要说了，出兵（公元前678年夏，诸侯伐郑，宋故也）。

这次诸侯伐郑，宋国一马当先。御说表态：动刀子我先上，谁也别抢！

原来宋郑本是邻国，两国恩怨却由来已久。宋国地势平坦，易攻难守（周朝分封时为防宋国造反，特意这么做），而郑国地势山河环绕，易守难攻。郑国历来比较强势，又仰仗自身地形优势，时常欺负宋国。宋国也是硬

骨头，屡败屡战，利用郑国的内乱也占了不少便宜。两国的仇恨越结越深，完全成了死对头，恨不能找机会斗个你死我活。这次有齐国撑腰，御说更要新仇旧恨一起跟郑国算个清楚。

在对待郑国问题上管仲的态度很强硬，往死里收拾。

八国诸侯大军开到郑国开始了猛烈的攻击，宋国担任主攻，其他诸侯国在旁帮兵助阵。

小厉很纠结，从一开始他就没有真正把小白当盟主，只不过当时齐国帮自己那么大忙，不给他点甜头面子上说不过去。这次帮郧国小厉用的是一箭双雕之计，郧国的忙不可能白帮，他收到了重金答谢，而趁机攻占宋国的领土，削弱邻国势力也算好事一件。

偏偏小白出来搅和，这像根刺一样卡在他喉咙里，咽不下吐不出。因此，面对诸侯们的围殴，小厉顽强地挺着。

时间一点点过去，郑国架不住群殴，逐渐扛不住了。小厉很不情愿地吩咐手下："城门上举个白旗吧。"

小白于是下令停止攻击，纳降。

事实上，整个战争都是管仲在操纵，郑国出尔反尔，不惩治的话，其他诸侯都会跟着学。但要注意的是，郑国现在是独立的国家，既不听命于齐，又不归顺于楚。把他逼得狗急跳墙，只会便宜楚国，现在还不是与楚国决战的时候。楚国啊楚国，此刻已成为小白和管仲心里的痛。

既要狠狠地打，又要掌握火候，怎一个难字了得。幸亏小厉识时务投降了，小白当然不能让他太难堪，顺势给他台阶下。

当然，训斥的言辞还是要严厉，小白与管仲合计好了要羞辱小厉，让他在诸侯面前正式认错。

小厉满面通红地在批判大会上做了检讨，并保证将吃到口的宋国肥肉吐出来。小白很满意，可是他没有料到，小厉这个人比弹簧还邪乎，你越收拾他，他越反抗。

小厉表面上在读检讨书，心里却在思考对付齐国的办法。从事情后来的发展看，小厉的反击可谓大手笔，很有霸气，招招致命。

小白得胜回朝，中原大地暂时恢复了平静。但一些迹象却让管仲感到不安，他得到一个消息：邾国国君邾子克死了。

邾国虽是迷你小国，但却是齐国最坚定的支持者。北杏会盟时，多数诸侯都没给小白面子，唯独邾国态度鲜明地站在小白一边。当时签约的蔡国很快就背信弃义了，可是在齐国之后的数次征伐中邾国从未缺席过，甚至打郳国的时候小白第一个想到的就是叫上邾子克。

欲成霸事，找个背后不捅刀子的太难了，邾子克一死，小白如失一臂。

第二年冬季，鲁国突然出现了大量的驼鹿（冬，多麋）。驼鹿的出现对于打猎是好事，但是对于庄稼无异于一场灾难。

次年秋天，一种令时人恐惧的生物出现了：蜮！

成语"含沙射影"形容背地里伤人，现实中确实有含沙射影这一事，就是蜮这怪物干的。《博物志》记载，蜮常隐蔽在水中，当有人经过的时候，吐射口中的沙子攻击人影，而被攻击的人都会得一种病，口、眼和外阴逐步腐烂，直至一命归西。西方称之为白塞病。

攻击影子就能生病的确很怪异，东周人不能提供蜮作案的直接证据，但间接证据还是有的。白塞病症状类似于性病，而蜮和性有莫大的关系。《感应经》中记载，蜮是一种狐狸，生于南方。古时天热，男女在同一条河里洗澡，淫气浓重，蜮从淫邪之气中产生。《搜神记》中也记载："蜮者，淫女惑乱之气所生。"

关于蜮的形状则说法不一，《说文解字》中说它是一种短狐，跟三足鳖差不多，也有的说它是一种甲虫。我觉得后者比较可信，因为《周礼》中记载政府曾专门派人对付蜮这种虫子。

能惊动政府专项行动的虫子危害自然非比寻常。第一，它的出现肯定伴随着一种疾病（不管疾病是否因它而生）；第二，它吃庄稼。

驼鹿和蜮的突然出现不是偶然，种种迹象都预示着灾难将要降临齐鲁大地。

风雷动变幻瞬息间，小厉已经嗅到了危险气息，是亮底牌的时候了。

三十三、背后的刀子

周釐王四年（公元前678年），郑国不再定期朝见小白。一开始，小白没太在意，只是派使者到郑国谴责了一番，不懂礼节，我可是天子亲封的霸主。小厉没有任何辩解，而是派出一个使团到齐国。

如果是派一个使者，那是传达消息，派一个使团，明显有谈判的意味了。需要注意的是，这次使团的领队是郑国国家总理（上卿）叔詹，"三良"之首出马了，肯定要出大事。

见了小白，叔詹开始诉苦："最近，楚国连连对我们施压，警告我们不听话就整死我们，丫太狠了，受不了啊。"

小白道："所以我们中原国家要同仇敌忾。"

叔詹插口道："我们想退出联盟。"

小白这才醒过神来，怪不得没朝拜我，这孙子早投靠楚国，只差通知我了！于是生气地问："你们国君已经盟台发誓了，怎么能背信弃义呢？"

这句责难叔詹早料到了，要毁约小白肯定拿合同说事。也怪叔詹嘴损，说了句把小白气得半死的话："你们要是能打得过楚国，我们老大肯定向齐国臣服（君若能以威加楚，寡君敢不朝夕立于齐庭乎）。"这句话虽是实话，但明摆着指责齐国窝囊，打不过大的，光会为难小的，你们齐国这算什么本事。

小白当场颤抖了，揭我的短是吧，我不敢打楚国还不敢打你吗？他也顾不上什么两国友好交谈了，当即怒吼："把他给我弄起来，关大牢里去！"

东周列国各位君主交往时非常注重礼节，小白脑子却一热，正谈判呢，就把人家国家总理送战俘营（军府）关押了，这等于是打了郑国一巴掌。小厉也很干脆，我不去求你，咱走着瞧！

公元前677年齐郑两国自此彻底决裂。

小厉并非心血来潮要退出联盟，作出决定之前，他已从战略角度推敲了很多次。郑国南面的山区土地贫瘠，又有强楚虎视眈眈，完全没有发展空间。而西面是大周朝的大本营，北面有卫国，东面是宋曹，都有拓展的可能。可是小白为了维护稳定，不允许他随便用兵。小厉在吐出宋国肥肉那一刻，就发誓要摆脱小白的控制。

十七年的流放君王，那颗尘封的野心已拥有称霸一方的魄力。

退出联盟之后，小厉转身就对楚国伸出了橄榄枝。郑楚联合，小白的称霸之路彻底被封死了。

小白怒气冲冲地要讨伐郑国，被管仲阻止了。齐国连年征战，虽未损失兵力，但是粮草耗得差不多了。打仗拼的是综合国力，齐军再强大，也不可能喝两口风就饱了，农业是军事行动的生命线，而目前有爆发大灾的迹象。

管仲没有想到，在齐国的边境遂地，正酝酿着一场政变。遂曾经是鲁国的属地，齐国北杏之盟讨伐鲁庄公时，将这块地盘划归己有。当然管仲也考虑到遂地民心未必归齐，因此特意增加防守兵力，以防当地老百姓造反。

照理说这个安排相当妥当，可是现实总是不遂人意。

这年夏天天气非常炎热，遂地四大家族（遂因氏、颌氏、工娄氏和须遂氏）突然对齐国子弟兵热情起来，天气如此之热，齐国的将士怎么受得了，一定要解决这个问题！于是四大家族把家里窖藏的美酒全部拿了出来——别客气，喝个痛快！

是要喝个痛快，因为以后再也没有机会了。早已准备好的四家家兵趁他们痛饮之际手持利刃，将齐兵杀了个精光(夏，遂因氏、颌氏、工娄氏、须遂氏飨齐戍，醉而杀之)。

活着的人应该铭记，这世上没有白喝的酒。

消息传到王宫，管仲深吸了一口气：想不到第二轮攻击来得这么快。

小白暴跳如雷："血债血偿，我一定要铲平遂地！"管仲却很平静地劝道："大王，遂地不重要，重要的是鲁国也要反叛了。"

遂地四大家族顶多千把人，从地理位置上看，遂地明显就是齐国嘴边的

肉，就算吃了豹子胆，也不敢招惹霸主。因此管仲肯定其背后有老东家鲁国做后台，兴许还对他们许下了美丽的诺言："放手干吧，很快你们就能回归祖国的怀抱了。"

管仲何等厉害，鲁国的小算盘一下子就被他看透了。

遂地叛乱事件确实是受到鲁庄公的指使。没有哪个国家愿意受外人束缚，郑国的独立让鲁国的强硬派感到兴奋。但毕竟签过盟约，也不像郑国那样有合理的借口退出，鲁国只好采取别的方法：支持遂地独立，让小白知道是我干的却找不到证据。

齐国处于一个非常尴尬的境地，鲁国已经对他露出了獠牙，却不知道什么时候会动手。如果说失了郑国齐国难以统一中原的话，那么失了鲁国，齐国则无法对外用兵。因为贼人就在家门口蹲着呢，谁也怕被端了老窝。

形势对齐越来越不利了，管仲决定软硬兼施，给鲁国下剂猛药。

齐国军队直扑遂地，管仲动用了主力，以防鲁国救援。遂地很快就被攻陷，四大家族的人被赶尽杀绝一个不留。自始至终鲁国未派一兵一卒前来救援，四大家族成了弃子。

管仲可不想就此放过鲁国，现在装孙子，早干什么去了？这一仗非打不可！

不过，打之前管仲想弄清一件事，齐国的"皇太后"文姜怎么对此事毫无反应啊？派人一打听，好家伙，文姜又闹绯闻了。

事情得从文姜生病说起。人年纪大了身体难免出问题，鲁庄公又是出了名的孝子，一听母亲抱恙就急忙找来宫里最好的医生医治。文姜身边平时不是宫女就是太监，这回来了个真正意义上的男人，一来二去，两人就对上眼了。

这流氓医生也就是图一时之快，想占点便宜，并不想在宫里长期作战。哪知文姜还上瘾了，一会说头疼，一会说肚子疼，三天两头地叫他。医生心想，叫得这么勤快，这样下去非暴露不可。不行，我得撤。

于是找了个借口，辞职回老家莒国开私人诊所去了。由于有宫廷的牌子在那罩着，生意还挺好，小日子过得算是滋润。

这天，诊所刚刚开门营业就进来一个女客，医生抬眼一看，竟是文姜。

她也不收敛，贪婪地盯着自己看。医生想，光天化日她总不能非礼我吧，给她看完病叫她走了就行。

谁知道文姜耍无赖，看完病后说身体瘫软，就此在医生家开始了长时间的住院治疗。

过了一段时间，文姜好不容易痊愈出院，医生长出了一口气，算是放下心来。但是他万万没想到，那只是苦难生活的开始，一个月之后，文姜又来了。

文姜和莒医的事情再次上了东周八卦的头版位置。说来也蛮有意思的，政治阴谋没人关心，绯闻却绝对是人民群众喜闻乐见的文艺题材。

最倒霉的是鲁庄公，摊上这个极品老妈，他只有认命的份儿。这位有着恋母情节的国君每天都会听到一些流言蜚语，却假装对母亲的所作所为毫不知情，见面还得问一句："妈，你病好了点没？"其实更令鲁庄公伤心的是他的父亲鲁桓公，父亲太不容易了，活着是时候老婆给戴绿帽子也就罢了，时隔二十多年，竟然又把绿帽子戴到坟头上，悲哀啊！

三十四、计中计

莒国医生终于崩溃了，于是找了一个强壮的男人代替自己。文姜也不客气，将那人带回鲁国的行宫继续行乐。

其实文姜追求个人生活原本无可厚非，除去王后的光环，她也只是一个普通女人。齐襄公死后，她孤居宫中，在无人理解的凄苦中过了二十几年。文姜年老之时的行为是大概只是因为太孤独，她一生中唯一爱的人是有草莽男人之气的齐襄公，临死时口中念念不忘的仍是当年和齐襄公的约定，要结成儿女亲家。

而此时的文姜忙于个人事务，当然自然无暇顾及齐鲁两国的暗战。

只有在吞并实力悬殊的小国的时候，齐国才会单打独斗，因为那样不容易被人抢夺胜利果实。至于对付鲁国，当然是要发扬群殴的优良传统。可是真正到了找帮手的时候，小白才发现局势正在恶化。

鲁国老早就做好了拉帮结派的工作。首先是老搭档郑国，两国已暗中联络，互相交流抗齐的心得；再就是卫国，卫侯公子朔曾经被周天子的女婿强行赶下台，所以私下里不买周王的帐，对齐国提出的尊王攘夷不以为然。

比较难拉拢的是陈国国君。

怎么与陈国套近乎呢？鲁庄公想了半天，决定给卫陈两国当个媒人，将卫国的贵族女介绍给陈宣公。陈宣公是个做事很有原则的人，谁给的钱多谁就是大哥，如果没钱，有漂亮女人也可以优先考虑，因此很痛快就答应了鲁庄公的做媒请求。能得到鲁国的支持，对于卫国来讲，也是求之不得的事情，毕竟在这个乱世独行侠是活不长的。

这样一来，齐国再想群殴鲁国，卫陈两国就会借机会推辞。鲁庄公为了

孤立齐国，可谓用尽心思。

小白很被动，中原国家不在少数，但是真正能左右局势的只有几个大国。郑卫陈鲁都靠不住，最后的希望是宋国，不过御说会是什么态度呢，小白心里真的很没底。

"没问题！什么时候出兵您说句话。"御说的话差点没让小白掉泪。还好宋鲁尚未联合，否则后果不堪设想。管仲向小白建议："我们还没和鲁国公开翻脸，不如先联合宋国发兵突袭，然后再公布鲁国的错误，这样成功的概率比较大。"

小白非常赞同，派人通知御说在离两国都比较近的卫国鄄城秘密商谈，内容自然是如何采取军事行动。卫国知道齐鲁最近剑拔弩张，小白和御说借自己的地盘会谈，卫侯就猜出要对鲁国动手了。不过卫国采取中立的态度，谁也不得罪，睁一只眼闭一只眼。

偏偏卫侯忘了一件事，鲁国为了讨好陈卫两国，自动承担护送新娘的任务，派国中权贵公子结（注意：这个公子结和陈国的公子结是两个人）前往卫国接新娘。结婚的车队正好要经过卫国鄄城。

历史性的巧合，巧合得让小白心碎。

公子结是策划遂地反叛事件的重要人物，齐国干净利落的处理方式让鲁国朝野震惊，大家都在担心齐国会采取进一步的行动，然而齐国没有任何动静。俗话说不怕贼偷，就怕贼惦记，被齐国惦记上的滋味真是难受。

正赶路之时，突然有人禀告公子结，前方的鄄城出现齐国和宋国的人马。公子结一听，头皮发麻。这里突然出现齐宋两个战略敌对国的军队，里面肯定有事！

公子结派人打探，很快就得到了确切的情报，齐宋两国首脑在此会谈。不消说了，这两位重量级人物碰面肯定不是交流预防感冒的经验，常年的政治敏感让公子结猜到：齐宋要联合伐鲁了。

怎么办呢？继续护送婚车？路途遥远，等他回去仗也打完了。派人回国送情报？那也阻止不了齐宋起兵啊。公子结做了个一生中最酷的一个决定：单身去赴"鸿门宴"。

卫国鄄城。管仲、小白和御说紧锣密鼓地筹划着起兵的时间、地点以及方式，会议气氛越来越热烈。小白手舞足蹈："好，这次打鲁国个措手不

及。"

手下人忽然来报："鲁国公子结在城外求见。"三个人一下子全愣住了，想不明白鲁国怎么知道他们的会谈，连地方都找得这么准！

小白定了一下神，道："让他进来吧。"

公子结满面春风地进来了。他的身份比小白和御说要低很多，御说是公爵，小白是侯爵，他只不过是鲁国的臣子。公子结给小白和御说行了礼，说道："我得知二位在此，特地从鲁国赶来会盟。"

公子结的意思很明显：第一，我们鲁国知道你们在这捣鬼，别妄想偷袭了；第二，我就是来揭穿你们的，还是和我们和平相处吧。

小白和御说心道，完了，计划白制定了。但是既然对方这么客气，小白和御说也不好摆脸色，尴尬地笑了笑。倒是管仲很兴奋，热情与公子结交谈。小白和御说心惊之下，也没想起公子结那么低的爵位，根本就没有资格代表鲁国结盟。迷迷糊糊就和公子结山盟海誓了一番，宣称要为周王朝的安定繁荣努力。

结盟完毕，公子结说要回国，管仲起身道："我送送你吧。"

公子结暗叫不好，刚才撒谎撒过了头，不能去陈国了。不能让管仲看出来，随口说道："不用了，您挺忙的。"

管仲更乐了："我一点也不忙，走吧，我送你回鲁国。"公子结内心苦不堪言，却不好继续推辞。

管仲突然变得与公子结情深似海，十八里柜送，走了一站又一站。接近鲁国边境的时候，管仲道："真舍不得你走啊，我要目送你回国。"公子结差没哭出来，陈宣公的新娘子还扔在齐国荒郊野外呢，管仲堵在这儿，我怎么回去啊。

管仲送完公子结，快速回到鄄城，小白和御说已经等得都不耐烦了，小白道："仲父，区区一个公子结何必劳您大驾，不就是计划被戳穿了吗？大不了我们两国公开跟鲁国开打。"管仲笑呵呵道："错了，大王。不是两国，是三国。"

大侦探管仲解开迷局，鲁庄公为卫陈两国做媒，这个消息人尽皆知，而公子结恰巧在这时候出现在卫国。这两个信息结合在一起，就不难知道公子结出现在鄄城不过是送婚车凑巧路过而已。

"可是您怎么知道他一定是来送婚车的呢？"御说不解地问道。

"送亲的人一定会穿着婚礼上的服装。公子结来的时候特意穿着普通的衣服，可是我发现他的底下的人穿的都是婚礼服装。"管仲忍不住笑了，"这傻冒太不适合演戏了。"

三人哈哈大笑。

小白忽然又想起一个问题，转头问管仲："你刚才说三国打鲁国是什么意思，还有哪个国家？"

管仲神秘地眨眨眼睛："还有陈国，虽然现在跟我们不是同一个阵营，但是等我给陈宣公一封信，他就会主动帮助我们了。"

此刻，陈国王宫上下正喜气洋洋地准备着婚礼。陈宣公年龄虽然不小了，但是对年轻貌美的姑娘始终保持着浓厚的兴趣。他在位期间收藏了无数珠宝，财大气粗，婚礼宴会自然要办得大气热闹。

管仲的紧急信件很快到了陈宣公手中，信中内容如下：

前几天我们大王在野地里遇到一队婚车，估计已经停了很久，因为那些人都饿得半死不活了。我们一打听，才知道是阁下的新娘。我们大王想知道这新娘还要不要啊？不要的话我们大王可就接收啦。如此美人竟然忍心扔在荒郊野外，真是没人性啊！

陈宣公登时怒火冲天："鲁庄公！我跟你有多大的仇啊，你居然把我的新媳妇丢到野外任其自生自灭。这倒好，让小白那个臭流氓捡到了。此仇不报，誓不为人！"

一封信能平息一场战争（北杏之盟伐鲁），也能挑起一场战争，管仲的威力就是这么大。

但是陈国势单力薄，根本不是鲁国的对手。陈宣公正在苦恼的时候，小白的使者来了："我们大王想讨伐鲁国，因为其目中无人。不知您意下如何？"

陈宣公兴奋地举起双手："我报名！"

不久，三国大军兵压鲁国境内。

三十五、大龄剩男鲁庄公

齐鲁交战前夕，齐国出现了一桩严重的越狱事件，郑国上卿叔詹从军府跑了。齐国的战俘营居然看不住政治要犯，这事怎么看都有蹊跷。

原来，叔詹是小白故意放跑的。中原局势不容乐观，这个时候最重要的是稳住各国，别让他们结伙。叔詹逃走之前，管仲与他达成协议：我不再约束你了，但是你不能和我正面为敌。

这完全是一个战略性的政治让步，只有这样，小白才能全身心地对付鲁国。

公子结很有成就感地回到鲁国，虽然将陈宣公的新娘子丢在路上让他心有不安，但他认为那是值得的，他揭露了齐宋两国的阴谋，拯救了鲁国，大不了到时候向陈国赔礼道歉。

其实公子结算得上是个有勇有谋的年轻人，只是遇到老谋深算的管仲，小混子撞上老江湖，自求多福吧。

公子结的做法受到鲁国高层的一致称赞，鲁国开始积极备战。不久，三国大军压境。鲁国慌了，三国？公子结不是说只有齐宋两国吗？大家想了半天才明白，这一切都是因为公子结擅自丢下陈宣公的新娘子造成的，舆论顿时大转向，责难声狂风暴雨般扑向公子结。"你傻呀！不会派个人回来报信吗？""就是，去鄄城得瑟什么！""把陈国国君的新娘丢在路上，真脑残啊。"

在利益得失面前，公众舆论也是很自私的，只看结果，不管这过程中你有什么苦劳。做成一件事很难，但是事后诸葛亮，张口批评人太容易了。

公子结比后世的窦娥还委屈，谁知道管仲会来个将计就计啊。

一对三，鲁国获胜的概率太小了。鲁庄公考虑许久，决定以装傻卖呆来对付敌人，因为表面上大家都还没有撕破脸，齐国也没有鲁国策划遂地暴动的证据。

鲁国使者来到齐国阵营："我们大王对盟主一向言听计从，怎么突然要攻打我们啊？"

无耻啊，无耻！小白简直要破口大骂了，可转念一想，还真找不到鲁国有什么错。

管仲在一旁接道："你们鲁国两次会盟都只派了一个使者，这是什么意思？这是藐视我们大王！最过分的是，公子结什么爵位？他有什么资格和两位君主会盟？如此羞辱我们不该讨伐吗？"

使者哑口无言，垂头丧气地回到鲁国，把事情的来龙去脉告诉给鲁庄公。

鲁庄公大怒，把公子结叫了来："你的脑子让驴踢了吗？你这个身份去会什么盟？这不是找事吗！"公子结百口莫辩，只有点头认错的份。

让齐国抓到这么一个把柄，鲁庄公只好放下面子赔礼道歉："是我不对，我保证今后不会再发生这样的事。"

小白只是想收服鲁庄公的叛乱之心，并非真要吞并鲁国，自然是见好就收："没事，我们是亲戚，事情过了就算了。"

根据管仲的安排，这只是第一阶段的打击。第二阶段已经在准备过程中了，小白发誓这回一定要把鲁国牢牢绑在战车上，再不能让他有心生异志了。

这边的鲁庄公还在头疼呢，不知道陈国怎么想的，希望会服从小白的命令撤兵。本来是想拉拢陈宣公的，现在倒成了仇家。唉，这个公子结，怎么就不干点人事呢。

鲁庄公忧心忡忡地来回踱步，脑中突然灵光一现："嗯，这个法子可行。"

鲁庄公火速派人到陈国。陈宣公余怒未消，恨不得把鲁使大卸十八块。没曾想那人却喜盈盈地说："恭喜陈侯。"陈宣公抬眼道："你有病啊？"

鲁使道："您息怒，等我介绍一个人，再发火也不迟。"

鲁使的介绍：

某女，鲁国贵族，年方二八，品貌绝佳。确切地说是鲁国少有的倾城国色，至今没有找到如意郎君。

陈宣公一听，愁眉顿时展开了："小伙子请坐，我们商量商量。"很快，双方就定好了送聘礼的时间（二十五年，春，陈女叔来聘，始结陈好也）。

解决了陈鲁两国的纠纷，鲁庄公又开始发愁了。哪这么多愁事呢？别看鲁庄公老为别人的婚事操心，自己却一直打光棍，三十多岁的人了，还没娶媳妇呢。看到陈宣公的幸福生活他能不伤心吗？

鲁庄公的命运一直在母亲文姜的掌控之中，当然也从来没有想反抗的意思。文姜与爱人哥哥（齐襄公）有个生死约定，齐襄公的女儿哀姜一定要嫁给文姜的儿子鲁庄公。这事从血缘关系上讲就是哥哥的女儿一定要嫁给亲妹妹的儿子。怎一个乱字了得。

因此文姜给鲁庄公下了死命令，你寂寞了可以找女人，但是正式的老婆只能是哀姜。当初定娃娃亲的时候鲁庄公正是少年，哀姜才几个月大。十多年过去了，现在哀姜是"邻家有女初长成"，鲁庄公向小白发出请求："可以解决我这大龄青年的婚姻问题了吧？我要娶哀姜。"

小白接到消息哈哈大笑，想得美，不听我话，打光棍吧你。转过脸对鲁国的人装糊涂："什么结婚？你们大王娶不到媳妇关我鸟事。我不知道什么约定，过个十年八年再说吧。"

这就是管仲第二轮攻击的开始，以退为进，故意拒绝，吊足他的胃口。当然也是一种变相的惩罚。

小白的态度惊动了文姜，这位一心玩乐的"皇太后"亲自出马了。文姜不知道，这是她最后一次来到齐国，她的生命已快到尽头了。

小白欣喜万分，侄女哀姜在他手里只是一件政治交换品，如果文姜不重视鲁庄公的婚姻的话，哀姜就没有任何价值。囤货十五年，为的就是今天出手，文姜此来必定要验货啊。

小白找来齐国最强的化妆师，吩咐一定要把哀姜打扮得迷死人不偿命。文姜见到哀姜震撼了：这姑娘果然是美艳不可方物啊，骨子里还有齐襄公的神韵。

这时候，文姜想要儿子迎娶哀姜的心情更加强烈，小白把一切看在眼里，心中暗喜，脸上却是另一番神色。他趁机大倒苦水："姐，我真盼着早点把哀姜嫁过去，可是我这外甥老和我作对。你不知道，因为两国的事我每晚都愁得睡不着觉。"文姜安慰道："放心吧，一切有我。"

文姜的火果然让小白煽起来了，回到鲁国就将鲁庄公狠狠地训斥了一番。

不久，文姜死了。

她死前立下遗嘱：不要忘记两国亲情，迎娶哀姜。

没人有能够体会鲁庄公的感情，他自幼和母亲一起生活（东周时诸侯经常外出打猎，时兴母教子），十二岁丧父。他的精神世界几乎全部由这个女人掌控，这一切，随着文姜的死去烟消云散。指导他生活的唯有母亲临死时的愿望——

迎娶哀姜！

小白和管仲的第二阶段心理作战计划取得了巨大的胜利。为了得到哀姜，鲁庄公做出了疯狂的举动，亲自去齐国看望哀姜，还特意派人为她精心雕刻屋顶的木头装饰。有人会说，不就是装饰吗？可是要知道，这种行为已经超出了周朝的礼仪，哀姜的等级根本没有资格享受这种待遇。而且这种丢人的事，一个国君是不应该做的。

等到给哀姜送见面礼时，鲁庄公更加大胆了，把玉帛送上。按照东周的规矩，只能送些榛、栗、枣之类的东西给女人，玉帛只用于送男人。再喜欢她也得等进了家门私下送。这下可好了，国家间的礼仪完全没有了。

鲁庄公的行为把大臣们都吓坏了。在鲁国，有着一股相当大的反齐势力，他们时刻不忘先主是怎么被齐襄公害死的。

如今齐襄公的女儿受到如此优待，没有人能够接受，大家非常愤怒。据《左传》记载，当时热血沸腾的鲁国大臣们掀起了进谏高潮。

先是曹刿出马劝阻："大王，您不能借着出国访问的名义去约会，这样太丢国家的脸面了（后嗣何观）。"

紧接着大夫们纷纷进谏："大王，这样就破了周朝的规矩了……"

"大王，如此一来男女都没有区别了……"

面对臣子们的谏言鲁庄公只有一个答复："一边儿凉快去。"

　　小白不断收到关于鲁庄公的雷人新闻，不由狂喜："哈哈！我这外甥是要挑战世俗啊！"

　　一切都由小白说了算，鲁国彻底被搞定！

三十六、西部战事风云

其实在征服鲁国之前，齐国的内部实力已遭到重大打击。

公元前674年夏天，管仲最担心的事终于发生了，齐国大灾。大灾可不是局部刮个龙卷风、下个小冰雹这类上不了台面的小动静，能记入《左传》的大灾，基本上都是颗粒无收，老百姓饿得前胸贴后背。倘若不是管仲治理有方，事先攒了点儿救急的粮食，齐国怕是早已发生人吃人的惨况。

小白正闷闷不乐，管仲来报："大王，根据情报，卫和燕已经插手王室内乱，郑国那边也出手了。"

小白叹口气："忍了。"大灾之年，内忧外乱，齐国做出了最英明的决定，按兵不动。现在要做的是积聚力量，等待重新爆发的机会。

西边的王室内乱掀起了一场风云会战，这场动乱的发起者名叫子颓，是周惠王的叔叔。因为以前周庄王比较宠爱子颓，致使他长大之后越来越没人样，天是老大，他是老二，除此之外没有他怕的人。子颓是个动物爱好者，喜欢牛喜欢到了极点。都说印度人崇拜牛，跟子颓一比，印度人那是对牛的虐待。

子颓养了几百头牛，第一次到他家的人一般得过很久才能确定自己是在人住的地方而不是牛圈。子颓家的牛不吃草，得吃粮食，而且必须是子颓同志亲自喂养，别人不行，牛哥哥会生气的。

周惠王还没即位的时候就听到很多人告状："你叔叔太能搞了，给牛做衣服，家里人出门全骑牛，而且雄赳赳的也不遵守交通规则，今天就在街上踩死好几个人。"周惠王心说这不王八蛋吗？等我即位非整死他不可。

几年过去了，周釐王告别了人世，周惠王大权在握，准备要拿子颓开刀。然而他发现自己根本动不了子颓，子颓势力根深蒂固，周朝的蒍国、边

伯、子禽、祝跪和詹父五个大夫全是子颓的爪牙。这就更坚定了周惠王除掉子颓的决心，子颓不死，他的王位就岌岌可危。

周惠王开始了一系列的找茬活动，先是批评子禽、祝跪和詹父三个人："你们家里的地太多了，老百姓怎么活啊？每人都让出一块来。"紧接着，周惠王又招来蒍国和边伯："我要扩建王宫，你们借我点地方吧。"又把这二位的土地吞并了。

周惠王是个不入流的政治家，他夺地的本意是削弱对方。但是他没有想到，这种做法短时间内根本达不到效果，反而引起了副作用，把恶势力全都逼到了子颓周围。

子颓不是傻子，察觉到周惠王的意图，立刻组织反扑。如果这位爷把养牛的一半心思放到反叛上，何愁霸业不成啊。但是子颓策划不利，加上周惠王有一干忠臣死力保护。子颓渐渐处于不利位置，没多久就仓皇逃走。

故事的结局应该就此结束，因为普天之下很少有人公开与周朝对抗。但很少不等于没有，偏偏子颓找到了一个对周朝恨之入骨的诸侯，卫侯。卫侯公子朔曾经被周天子的女婿黔牟抢了王位，黔牟仗势欺人让公子朔过了七年的流浪生涯，而今这个深仇大恨终于到了报的时候了。

卫侯立刻答应全力帮助子颓，并且没有请示霸主小白（在西部，小白的影响力已经降到了零）。考虑到人多力量大，卫侯又找到燕国做伙伴，并郑重许诺城破之后，随便他们怎么抢。

三股势力一起席卷而来，周惠王再也抵抗不住了，慌忙逃到郑国。

小厉只占便宜不吃亏的小眼睛已经关注王室内乱很久了，周惠王失败正是他希望看到的。因为他要辅佐周惠王登上王位，建立不世之功。

小厉开始了他的宏伟计划，首先是安顿周惠王。小厉热情地对周惠王说："大王长途奔波，请到我的别宫休息。"周惠王万分感激，小厉同志够意思，把宫殿都让给我。

等真搬过去，周惠王却傻眼了，根本不是郑国的都城，而是小厉流亡时的栎城。周惠王心中大为不满，给个破县城让我住，这不是当年你逃难的地儿吗？拿我当难民了！可是吃人家的嘴短，周惠王什么也不敢说，老老实实地体验小厉的逃难生活。

其实小厉倒不是想为难周惠王，只是自己过惯了吃独食的日子，觉得给

他个小宫殿就很不错了，当年自己在那儿过得滋润着呢。

小厉安慰周惠王："稍安勿躁，很快我就送您回去。"然后召集人马杀向京都。卫侯虽然是小国，但还真就不怕小厉，加上有燕国帮忙，胆气更壮了。三家杀作一团，小厉扛不住了，只得带兵回到郑国。

周惠王得知小厉回来非常高兴，派人过去问话："爱卿，我可以回去了吗？"

小厉一肚子的气："回你个头，待一边儿去！"

单打独斗明显不行，小厉决定找个帮手。他本想找大国帮忙，但是转念一想，如果找大国，胜利之后自己分的胜利果实可就少了。咋整呢？要不找个小国吧。西虢就这样被选中了。西虢公是个比较好忽悠的主，小厉一鼓动，他的热情就来了。

第二次进攻，小厉开始玩阴的了。

小厉开始给西虢公讲战斗理论课，子颓本人是个菜鸟不足为惧，他依靠的是卫燕两国。这两个国家领头的是卫国，因此只要打败卫国，就取得胜利了。可是怎么打才有胜算呢？

西虢公道："是啊，怎么打败他们呢？"

小厉说道："最快的取胜方法是，不和他打，我们趁他们不注意的时候突袭京都，反正他们不会长期滞留在京都。"

两路军马在漆黑的夜里奔赴京都，小厉吩咐西虢公打北门，自己则打南门，让里面的人不知道哪是攻击重点。

这场战争黎明打响，那天子颓起得特别早，他有好多牛要喂呢。正和牛儿玩儿得欢的时候，外面突然有人哐哐地敲宫门："大王，不好了！郑国又打回来了，城门快顶不住了！"

子颓很郁闷地抬起头，说了句脑残的话："你烦不烦啊，等我喂完牛再说！"

来者一看，暗叫不好，事到如今只能假传旨意了。随即召集人马在城门抵抗，然后写信向卫国求救。信还没写完，城门就开了。

城门是老百姓打开的。自从子颓当政，牛的生活水平直线上升，老百姓的生活直线下降。那些牛非常横，总爱跑到农田里玩，老百姓又不敢阻止，只能眼睁睁地看着自己辛辛苦苦种的庄稼被子颓同志的牛踩个稀巴烂。

郑国的军队让百姓看到了希望，大家一拥而上打开城门，小厉带人杀上城头，发现主谋蒍国已经自尽了。

祝跪和子禽见情况不妙想要逃跑，谁知一头闯进一队乱军里。当兵的可不跟他们客气，正杀得兴起，顺便就把这两位砍了。边伯和詹父耍滑头，扮作百姓的样子，但这还是逃不出群众雪亮的眼睛，众人指着他们大喊："在这儿呢，在这儿呢，快来抓啊！"说完一拥而上，将他们扑倒在地。

小厉与西虢公杀入宫中，发现子颓等人踪迹皆无，于是喊来一名宫人问道："奸王哪里去了？"

宫人哆哆嗦嗦地说："他赶着几百头牛跑了。"

小厉与西虢公顿时呆住了："有这么缺心眼儿的人吗？"

三十七、姜氏齐国终结者

子颓发现动乱时，局势已经无法挽回了，他收拾好财物准备逃跑。刚一转身，就想起一重要的事："我走了我的牛怎么办？它们会饿死的。干脆带着它们一块走！"

老黄牛本来就慢，加上子颓这个慢性子，速度都快赶上乌龟了。

关于子颓的慢性子，有一个学心理学的人说："牛都是慢性子，子颓长期和牛交往，有可能被同化了，也变得很慢。"这虽然是奇谈怪论，但是子颓的性格确实有老牛的神韵。

小厉追上来的时候，子颓正满头大汗地赶牛。小厉憋住笑："别忙了，回去吧。"子颓看了看小厉，哦了一声，就乖乖跟着回城了。

子颓被斩首了，死得也不算冤。其实，以他这种智商能混到这份上已经很不错了。

《列国志》中用一句诗评价子颓："一年南面成何事？只合关门去饲牛。"

嗯，蛮贴切的。

除掉子颓，周惠王回到了京都，当着满朝大臣大大夸奖了小厉和西虢公。两人称谢后仍然以贪婪的目光看着周惠王，周惠王是个明白事理的人，这是要赏赐呢。小厉的为人他算领教了，喂不饱肯定不会走。

周惠王赏给西虢公酒泉邑，至于小厉，周惠王狠了狠心："虎牢以东、直到郑国的土地全是你的了。"

小厉欣喜若狂，这块地方得打多少年的仗才能得回来啊，随即谢恩离去。哪知回去路上小厉感觉胸口堵着一口痰，也没在意，第二天突然死了。

公元前673年春，东周乱世枭雄郑厉公安静的离开了人世。

郑厉公是春秋少有的奸雄，他精通权术，铲除异己犹如割韭菜，但是他又特别重视任用贤臣，郑国的三良就是在他统治时期闻名四方的。

只可惜郑厉公一生命运坎坷，遇到了祭足和小白这样的劲敌。如果生逢其时，郑厉公必能建立一方霸业。

郑厉公死讯传出，郑国举国哀恸，而小白则激动万分。

"他死了吗？"小白激动地捂着心口，"不敢相信还有这种好事。"

命运总有峰回路转的时候，天助姜小白，想不做霸主都难。齐国养精蓄锐七年，又将开始逐鹿中原。在这之前，小白还收留了一个东周史上的神秘人物，此人是从陈国的血腥屠杀中逃出来的。

事情要从老夫少妻说起。陈宣公越老越好色，当然人家也有好色的资本，堂堂一方诸侯，弄几个小妾是小菜一碟的事。这位老同志老当益壮，在年迈之余还捣鼓出一个小宝宝来。老年得子，陈宣公越看越喜欢，于是就起了立他为继承人的心思。问题是陈国已经有继承人了，大儿子御寇熬了很多年，马上就要转正了，你让一个小妾的孩子替代他，国内外的舆论压力能逼死人，不好安排啊。

陈宣公经过考虑，最后决定把大儿子干掉。当然斩草一定要除根，要铲除陈国所有的太子势力。

抓捕行动突然开始，一天之内公子御寇就入了地牢，所有跟他有密切关系的人都被关起来。陈国上下人心惶惶，还没审判人们就知道处罚结果了，死刑。

刑审大臣询问陈宣公："大王，御寇判什么罪？"

陈宣公琢磨了一下："我怀疑他谋反。"

刑审大臣小心翼翼地问道："大王，你是不是有什么证据了？"

陈宣公一愣："暂时还没有，先弄死他，再慢慢找吧。"

刑审大臣吓了一跳，心想，您这亲爹当得真有水平。

谋反肯定有同党，这些人自然是御寇的亲近之人，大家的注意力集中到敬仲（公子完）身上，因为他是御寇最要好的朋友，而且是前任国君陈厉公的儿子，这个身份实在太特殊了。

敬仲的反应快如闪电，脚底抹油直奔齐国。这是有风险的，万一小白要

讨好陈宣公把他送回去，那可就死定了。但敬仲还是义无反顾地去了，齐国名为中原霸主，可以帮他除掉陈宣公，为御寇报仇。

生活中经常会发生这样的事情，你与某人互不了解，但第一面就会莫名奇妙地滋生出好感。小白见到敬仲之后，这种感觉尤其强烈。敬仲哭诉了在陈国的遭遇，盛赞小白有霸主风范，请求他主持公道。

小白二话没说找到管仲："仲父，陈国玩得太过火了，我们管管吧。"

管仲不以为然："大王，他们自家内斗对我们来讲不是什么坏事，我们现在要集中全力增强国力，就让他们自生自灭吧。"

小白很遗憾，但他始终觉得敬仲是个治国之才，为了留住敬仲，他开出了天价，拜其为卿！

卿是个什么概念呢？在齐国，可以居位于卿的有两个人。一个是鲍叔牙，他是小白的老师，辅佐之功，朝中说一不二；另外一个是王子成父，军中最高统帅。像宁戚那种超级牛人，也只是让他当大夫。

敬仲这个政治流窜犯有机会成为齐国的卿，这无疑等于天上掉下馅饼啊。

可敬仲一心想回国报仇，于是讲了一大堆理由推辞。小白豁出去了："齐国的官职你挑一个吧，随便挑。"在场的官员差点没抓狂，敬仲这小子真是走了狗屎运了，这种好事可是百年一遇啊。敬仲想了半天，说："我做乐队指挥吧。"全体人员再次崩溃：百年一遇的傻子。小白没辙，只好答应。

其实敬仲有自己的考虑，他如今是在异国他乡逃亡，人生地不熟的，突然做高官必遭人嫉妒。木秀于林，风必摧之，才大于人，众必毁之。他可不想惹这麻烦。

为何要说敬仲神秘呢，《左传》中记载庄公二十二年，陈侯让一精通周易的人为刚出生的敬仲算了一卦。卜者说了几句话："观国之光，利用宾于王。此其代陈有国乎？不在此，其在异国；非此其身，在其子孙。"

这话意思是这个人有王气。他会是陈国的国君吗？不是，是其他国家的。他本人会做国君吗？不会，做国君的必定是他的子孙。《史记》中也有同样记载。

等到战国初期，敬仲的子孙果然取代小白的子孙，成为齐国新的统治

者。这是历史上著名的"田氏代齐"。有意思的是，敬仲的姓氏还是小白亲赐的。

令人奇怪的是，敬仲困窘逃难之时，小白对他这样的陌生人怎么如此信任，居然要拜他为卿。兴亡谁人定，盛衰岂无凭。如果这段历史记载没错的话，周易文化真是博大精深。

三十八、帝国崛起

小白重启霸业之时，齐国已经在第二条战线上取得了决定性的胜利，在管仲的协助下，小白建立了一个庞大的商业帝国。

战争拼的不仅是武力，更重要的是拼经济。一般来讲战争会导致国家财力耗空，当官的必会压榨百姓，惹得天怒人怨，内乱频生，统治者最终死于非命。幸亏管仲是这方面的奇才，齐国四处征战当然要花钱，可是十多年间，在他的运筹下齐国经济霸主的地位已如泰山般不可撼动。此后两千多年的封建社会，中国没有任何一任辅政者能望其项背。

可能有些人会不以为然，那么让我们来看一下，管仲如何以强硬手腕在经济风云中翻云覆雨，所向披靡！

管仲最开始的职业是小贩，据说很失败，没怎么赚钱。据《史记》记载，那时候管仲经常给鲍叔牙提一些生意上的建议，鲍叔牙在他的指导下却赔得更加厉害。因此让管仲管理国家商业，连小白都认为是不太靠谱的事。

管仲执政之初，小白不知听了哪位经济学家的高见，借鉴当时列国的经济政策，要对老百姓进行全方面的征税。

"房屋楼台、树木、六畜、人口……仲父，还有什么可以征税？"小白边掐手指头边问。

管仲哑然失笑："大王，这是哪个山头上的英雄好汉教你的？这么干跟抢老百姓有什么区别？"

小白不解："诸侯不都是这么干的吗？不然哪来财力四处征讨？"

管仲不屑一顾："这都是小钱，真要赚大钱就不能收税。"

小白奇道："那我们指着什么壮大国力？"

管仲讲出了他人生第一个宏伟蓝图："官山海（唯官山海为可耳）。"

官山海的意思就是后来的铁矿和食盐专卖，但是其内容大有不同，后世封建社会的专卖是卖给本国人，管仲则要开辟整个大周朝的市场。

小白不太相信，齐国以前的盐是私人买卖，政府从中抽税，但是并没有赚到多少钱，如今国家管理就能赚到更多的钱吗？况且周朝产盐的不是你一家，燕国和越国都临海。更为棘手的是，秦国有盐湖，产盐量比齐国大，你怎么和人家抢市场啊？

管仲对小白道："让我试试吧，半年为期。"小白无奈地答应了，心中却是不太抱希望，他听人说过，管仲帮助鲍叔牙做生意，每提一个建议都能让老鲍赔一笔，典型的倒霉鬼上身。小商贩都做不好，做国与国之间的买卖能赚钱？

新政开始了。

不久，齐国所有各自为战的小型制盐作坊都集中到管仲规定的几大制盐区，大家接到命令，必须在管仲规定的时间内制盐。

管仲很精明，统一管理可以集团化生产，在产量上直接压倒燕、吴和越三国。这种方式为管仲赢得了极大的主动。农闲的时候，管仲集中人力大量制盐囤积，等到农忙各国缺盐之时，抢占市场并抬价出售。

事情刚刚开始，管仲下令所有盐场工人，无论什么身份，只要能够研究出增加产量提高质量的方法，都可以直接报知管仲。经实践后若切实可行，要钱给钱，要官给官。此令一下，齐国掀起制盐热潮。很快，有人找到了一种特殊的制盐材料：卤水。它的含盐浓度是普通海水的五倍，齐国盐产量于是直线上升！都是用海水制盐，燕、吴和越三国可吃大亏了，本来就人少技术差，加上三国领导者没什么大志，觉得自己国家不缺盐就成，结果三国产量合起来只占齐国的零头。

轻松解决了三个竞争对手，但是下一个对手秦国可就不那么好对付了。秦国不靠海，但它有丰富的盐湖资源，制盐的程序很简单。而且秦国高度认识到盐的重要性，同样实行国家专卖。

来吧，不管产量还是质量我们秦国一点也不比你们差，平分东周市场没有任何悬念。

管仲从容接招，什么叫霸气？我的是我的，你的也是我的！两国的盐在东周各国市场上一出现，齐国的盐供不应求，而秦国的竟然无人问津。

问题出在秦国的盐专卖制度上。同样是专卖，秦国的统治者却想独吞利润，制盐权被秦国权力群体垄断，盐湖是国家的，私人甭想分一杯羹。等盐生产出来，贪婪的统治者高价卖给一级批发商，一级批发商再加价卖给二级批发商，层层扒皮，盐价贵得让人不能接受。

管仲则不一样，放权！只要你们在我指定的时间和地点制盐，其他的我不管。你制得多挣的就多，制得少饿死活该。而且国家的收购价格虽然低点，但还算合理。管仲卡住收购、运输和销售这三关，将盐的成本降到最低，价格自然便宜。

仔细分析还会发现，管仲的专卖制很能调动人的积极性。给老百姓活路，他才会拼命给你赚钱。

短短几个月，齐国食盐行销东周各国，只要有人的地方就有齐国的食盐，管仲甚至打入几个制盐国的内部市场。考虑到齐国要向南方扩张，极有可能和楚国开战，管仲便狠狠地勒索了楚国一把。

楚国不产盐，曾有人开玩笑说，为什么楚人喜欢辣椒呀？答曰，因为他们没盐吃，只好拿辣椒凑数。

事实上楚国人真缺盐吃，齐国的盐太贵了，想买秦国的更不是办法，那些盐商能把你宰死。楚国人没办法，咬牙勒紧裤腰带也得买，少吃也是吃啊。买价格昂贵的盐还得看齐国的脸色，政治上一旦发生重大冲突，小白就耍无赖，我不卖了。楚国的穷人都得变白毛女。

管仲的食盐生意做得轰轰烈烈，后世很多统治者都模仿他的专卖制，于是他有了第一个外号，盐宗。

齐国的铁矿生产奉行与私人合作分红的模式，管仲没忘给百姓甜头。现在摆在他面前的是一个棘手的问题，盐铁都解决了，其他货物呢？齐国也有缺的东西啊。

管仲决定建一个东周最大的商品城，规模要大，品种应有尽有。可是问题又来了，人家商人凭什么非得来你这儿做生意啊？

管仲冥思苦想，很快就有了主意。

几天后，齐国对外宣布不收关税了。

关税是东周列国诸侯敛钱的重要名目，对本国百姓往死里收，对国外的商人更要狠狠地敲诈一把，而今齐国居然承诺一分不收（关几而不征）。

没过几天，管仲又放出消息，在齐国市场上卖东西不收税（市书而不赋）。诸侯们震惊了，都照齐国这么干，国库亏空岂不是早晚的事。

当管仲宣布第三个政策的时候，东周爱算计的小商贩们疯狂了。这是个超级优惠的措施：拉一车货到齐国的外商，政府将免费提供饮食；拉三车货的除饮食外，免费提供马的饲料；拉五车货的，则由政府专门配备可以自由调遣的人员（一乘者有食，三乘者有刍菽，五乘者有伍养）。

在齐国做买卖太省钱了，一时间，各国商贩蜂拥而来（冠带衣履天下）。

商贩们喜欢来齐国还有一个原因，在齐国可以找到女人。

商人在诸侯国间奔走买卖，不可能带着家属，但是男人总会有生理冲动。怎么办？管仲想得很周到，组织国家级青楼，里面有七百个美女（一说三百），商人晚上可以来过夜。当然得付钱，可即便这样，商人们也求之不得。

往来商旅众多，管仲又大赚了一笔。于是管仲有了第二个外号，娼圣。后世妓女多拜他为保护神。

天下没有免费的午餐，管仲建商品城的目的是囤货。价格低的时候收进来，价格高的时候卖出去。稳赚不赔的买卖。

半年之后，管仲汇报经济业绩，小白目瞪口呆："天哪，这么多钱，抢来的吗？"

三十九、荒淫奢侈的好君主

小白是一个好大喜功的人，家里这么有钱，不花才怪。豪华宫殿不停地建，衣食住行都得先问："周王也是这样吗？我要比他更好的。"总之小白的追求是：一定要奢华到极点！

小白浪费奢侈的作风和纣王的"酒池肉林"不相上下，而他好色的程度，后世的隋炀帝都自叹不如。但凡长得有姿色的姐们儿，小白都本着"肥水不流外人田"的原则自己享用了。

按照传统的历史观点，这种昏君早该死一百回了。为何小白却广受国人崇拜？这不是历史开的小玩笑，自有其必然性。

小白如此胡闹，自然有人看不下去，他的老师鲍叔牙就是反应最强烈的一个。鲍叔牙觉得责任完全在管仲，我把大王交给你，看你把他带成什么样了。两人是好朋友，鲍叔牙也不怕得罪管仲，直接去兴师问罪。

"大王光后宫美人就有三千多，如此荒淫怎么成就霸业！"鲍叔牙问道。

"哦，"管仲颇为关注这件事，想了一下道，"听闻纣王后宫佳丽三万，大王和他比差远了。"

鲍叔牙肺都气炸了，这是可比的对象吗？

于是又开始批评管仲："大王这样也就罢了，你也跟着闹！你看你现在的生活水准，普通的诸侯都不如你。"

管仲叹了口气："我也没办法，大家觉得大王浪费不好，我怎么也得和他共同承担批评啊（聊为吾君分谤）。"鲍叔牙彻底无奈，只好不服气地走了。

后人说管仲这么做是为了自污，就是说君主和小人都奢华，如果他保持廉洁，容易遭到攻击。好比宿舍里的人天天打牌，就你一个反对，大家就会不自觉地排斥你，你慢慢就成了公敌。用句经典话来总结就是，要想对付流氓就要比他更流氓。

这方面原因是有的，但不是主要的。因为从以下小白和管仲的荒唐事，可以看出管仲在秘密酝酿一个经济策略。

修完了宫殿，君臣二人开始在齐国倡导娱乐至上的理念。小白带头，管仲策划，齐国的权贵们踊跃参与。

管仲组建了一个宫廷娱乐中心，里面有东周最优秀的乐手和歌手，身材性感的美女更是让人眼花缭乱（钟、鼓、竽、瑟之音不绝，乐、倡优笑声不断）。据说管仲喜欢唱歌，每天晚上都能见到他纵声歌唱的身影。

不过管仲可不是那种只顾自己享乐的人，在这方面他也挂念着老百姓。很快，一个适合平民的娱乐场所成立了，这个场所在齐国都城的东南角，也叫雅乐中心。里面有专业乐舞演员，想进去的人买张票就可以了。多少年后一个叫孔子的人来到这个中产阶级消费地，听了首叫《韶》的小曲，据他自己说，回去后三天不知道肉是啥味道。

您说这齐国人多会享受。

没想到管仲建娱乐中心还上瘾了，不久在都城西门又建了群众级娱乐场所，没有钱的也可以去，因为这里有很多业余音乐爱好者。南来北往的小商贩都聚集于此，该地名叫雍门。

有一天几个韩国（春秋时的韩国）女歌手来到这里，演唱了一首哭歌，全场震惊，雍门从此出名。

时光荏苒，数年后一个叫苏秦的来到齐国，眼前的景象令他震撼了，在他的家乡，人们劳作完了回家倒头就睡，可是齐国的百姓晚上回家，不是吹竽就是打鼓、敲磬或弹琴，人们都生活在欢乐中。历史记下了他的话："临淄甚富而实。"

事情到这个地步适可而止吧？完全不可能。管仲又玩出两个花样，把诸侯国唬得一愣一愣的。

管仲建议富人们在木头上雕花。什么木头呢？烧火的废柴。管仲宣扬，雕刻得越好，说明你越有钱，没雕花没资格当富人。不仅如此，管仲还以身

作则，亲身示范了一把。榜样的力量是无穷的，齐国开始流行上午砍柴，下午雕刻，晚上把雕刻成果扔灶洞里做饭。

这事没完，管仲又宣称，废柴上雕刻那都是小意思，真有钱那得去买熟鸡蛋吃。这可不是普通的蛋，而是有彩绘的熟鸡蛋，就是说生鸡蛋煮熟了，请能工巧匠画上彩绘，然后扒皮吃了。一时间，齐国市场上全是彩绘熟鸡蛋，这事传得邪乎，其他诸侯国都以为齐国的母鸡能下彩蛋。

活人这样也罢了，管仲认为死人也得会炫富（好强悍的理论），坟墓一定要豪华，穿着打扮得有面子，人一辈子就死一回，可不能瞎对付。这一号召影响力很大，300年后乐毅攻陷齐国都城做的第一件事就是刨坟，可见齐国厚葬之闻名，据说拉回去的财宝装满了几辆大车。

管仲为何推崇奢侈呢？因为齐国虽然很强盛，但他却看到了危机。

齐国的高官和商人财力一旦大到一定程度，就会有干预朝政的野心。况且齐国存在人数众多的农工两大阶级，贫富差距过大（甚贫不知耻），暴乱就会紧随而来。

为了避免暴乱的发生，唯一的办法就是削减富人财产，让财富在不知不觉中转移到穷人手中（富者靡之，贫者为之）。

建宫殿、修坟墓、雕花彩绘需要大量工匠，做寿衣需要妇女纺织布匹，每一个看似为富不仁的举动都会带来大量就业机会。管仲真正看重的还是民心。

还有一个通俗的说法叫"拉动内需"，当然，这建立在齐国富甲天下的基础上，不是虚假繁荣。

四十、再上征途

七年的苦苦等待之后，一切准备就绪，小白终于出手了。

齐国的士兵装备排在东周首位，当一些小国军队还只是使用破铜烂铁的时候，管仲购置的大量铁甲兵器已让齐军的战刀释放出耀眼的光芒。

小白满脸兴奋地对管仲道："宝刀初试锋芒，拿国境上的鲁梁（鲁梁是一个国家的名字）小国热热身吧。"

管仲哈哈大笑："大王，这种三流国家用得着刀兵吗？咱买下来得了。"

"买？"小白不敢相信，国家还能买吗，鲁梁的国君可是死横死横的。

管仲冷笑道："很快他会就知道，这是他们的福气！"

鲁梁国君最近发现了一件值得高兴的事情，齐国开始流行穿绨布衣服。

绨布是一种又厚又平滑的高档绸缎，而鲁梁正是绨布的主要产地。鲁梁国君决定趁此机会狠狠地赚齐国人一笔，这帮齐人傻乎乎的，买东西都不问价，不宰他们宰谁！

不久就有人报告鲁梁国君："不得了，齐国人抢购绨布，我们的存货都卖没了。"鲁梁国君心里乐开了花，下令加人手，有一个算一个，全都改行织绨布。

一夜之间，鲁梁国开展起绨布大生产运动，鲁梁国君也加入其中，想到马上会有大把的金钱流入自己的腰包，这位国君就飘飘欲仙了。

这时管仲对小白说："可以收套了。"然后下令，即日起，齐国百姓谁也不准再穿绨布衣服。

这时候，鲁梁的绨布已堆成了一座小山，鲁梁国君呆立在小山前，又悲又愤："齐国人翻脸比翻书还快，说不喜欢就不喜欢。"

一波未平一波又起，更大的麻烦找到他，下属禀报："国内没粮食了。"

鲁梁国君傻眼了："我们种的粮食呢？"

下属哭笑不得："您忘了，咱光织布，没种粮食。"

"哦……"鲁梁国君沉思片刻，想出了好主意，"我们有钱啊，赚了齐国这么多钱，缺粮食就买呗。"

鲁梁的商人驾着大车到了齐国："我们要买粮食。"

齐国的商人看了他一眼："鲁梁人啊？不卖！"

"我们出高价。"

"多少钱也不卖你。"

鲁梁商人气得半死，此地不留爷自有留爷处，我去他国买，不信谁能跟钱过不去。

大车行到鲁国，鲁国商人为难地看着他："鲁梁人啊，不是我不想赚钱，只是国中有令，不能把粮食卖给你们。"随即一笑说道，"我们有不少绨布，你要想买，便宜卖你。"

鲁梁商人气得暴跳如雷："绨你妈头啊！刺激我是不是？"

空空的大车咣当咣当又到回了鲁梁。

一天不吃饭能勒紧裤带忍一忍，七天不吃饭那可是要死人了。而可怜的鲁梁百姓，现在只能靠喝凉水过日子。生命不能保全的时候国家观念就开始放弃了，看着人家齐国人天天酒足饭饱唱小曲，脑子转得快的鲁梁人纷纷偷越国境，申请齐国绿卡。

齐国人很大方，来多少人我们都安置，鲁国难民集体向齐国转移。几天时间，鲁梁百分之六十的百姓都换了齐国户口，鲁梁国君彻底服气了，再等下去，恐怕会成光杆司令。国君我也不做了，也去齐国逃难吧。

鲁梁国君带领最后一批难民投降齐国。

鲁梁是齐国的咽喉。若是几个强国占据这个位置，齐国将处于被动挨打的态势，现在齐国亲手拔掉了这颗刺儿。

齐国第二次称霸之路是充满血与火的征途，这场征伐管仲决定不再以心理战术为主，他屡次动用人马，像一把铁笤帚横扫大周朝，然后集中全力与北戎南夷（楚国）展开火拼。

就在小白君臣大展身手的时候，淮河南岸的楚国正酝酿着一场内乱。内乱之后，楚国将有一位盖世奇才掌管楚国朝政，帮助楚国化茧成蝶完成由弱到强的蜕变。

留给齐国的时间不多了，小白的目光落在淮河北岸的徐国。徐国的位置非常独特，属于齐国和楚国的战略缓冲区。确切地说，徐国不是一个国家，除了偶尔务农，全国的人干的都是打家劫舍的勾当。这个国家曾经和齐国联姻，但不服从小白的调遣。

必须干掉徐国，将兵锋直逼楚国家门口。

宋徐相邻，小白的得力干将御说首先发难，对外声称宋国多次受到徐国的侵扰，忍无可忍，要求小白派兵协助。

小白积极配合演出，拍案而起："岂有此理！这还有王法吗？"随即召集鲁国派兵出征。

公元前668年齐宋鲁三个中原大国联合伐徐。

这次行动代号为"赶海"，三国大军呈合围之势，慢慢收缩包围圈。

最委屈的要属徐国，你宋国是大国我是小国，平时都是御说没事欺负我，怎么就成了忍受不了我们徐国的侵扰了？拜托，找个像样的理由好不好！

委屈归委屈，徐国国君还是擦干了眼泪，带兵迎敌，更确切地说，是带兵逃跑。北面和西面已经被堵死了，南边是淮河，只能逃往东边了。东边是什么地方？大海。

赶海，将你赶向大海。

小白、御说和鲁庄公露出了狰狞的笑容："嘿嘿，投降还是跳海，自己选吧！"

徐国具有所有国家都没有的防守弱点：国家小，易攻难守，没有外援。春秋时代，自由对小国来说只是一个童话。

徐国国君像一个被流氓劫持的小姑娘："我还有别的选择么？从了你们吧。"

收拾完了徐国，小白的注意力重新转向西部，郑卫两国，先收拾谁呢？没想到这时郑国派人到齐国，请求重新加入小白的联盟，而且态度非常诚恳，小白痛快地答应了。有人会奇怪郑国如此强硬，怎么那么容易屈服？是

啊，郑国的投降是那么悄无声息，没人会料到这个硬汉国家服软。

《列国志》中说齐国征服徐国之后，郑国震惊之下遣使通好齐国。这说法看似合理，深究起来未免有些牵强。笔者认为，郑国投降，与叔詹有莫大关系。

小厉死后，由于郑文公年幼，郑国的朝政实际上是由叔詹决定的，叔詹和小厉的对外政策一直有分歧，只是小厉过于霸道，叔詹只好把话藏在心里。直到小厉死了，叔詹才开始发挥才干。很多史学家推测，当年叔詹逃走时曾和管仲达成协议，待小厉死后郑国将向齐国投降。

不管如何，有叔詹在，郑国安心归顺齐国了。

又过了几天，周惠王派代表召伯廖来齐国。召伯廖带来好消息，周惠王要再次确立小白的霸主地位（赐齐侯为方伯），而且这一次讲得特别露骨，天下就由你决定了（得专征伐）！

小白心情无比畅快，自周惠王即位，他还没正式承认过我，今天这家伙终于想通了。随口便对召伯廖说道："周王有用到我小白的地方，尽管说！"

召伯廖大喜："您都这么讲了，我可就说了。"

小白心中一沉：还真有事求我啊？怪不得对我这么好。

四十一、平定中原

原来周惠王想借小白这把快刀杀个人。当年卫侯公子朔武力支持子颓将周惠王赶下台，虽然惠王复位，但是他心中始终不安。卫国就在京都的大门口，谁知道公子朔哪天会起兵。后来公子朔死了，但是恐惧已成为周惠王的一个习惯，他怨恨整个卫国，可是如今的周王，没有任何实力去攻打卫国这么一个中等国家。

小白攻城拔寨的消息让周惠王看到了一线希望，这位爷于是给了小白一个大大的甜枣，继而提出要求。

吃人嘴短，拿人手软，这个时候很少有人能够拒绝。

"哈哈！没问题！"小白痛快地答应下来。

你要说的正是我想做的。西部局面完全由卫郑这两家决定，郑国已经屈服，只剩下卫国这块不软不硬的骨头。必须敲打！何况周王提供了一个这么好的理由。

挥兵西指，战车一眼看不到边。

紧急军情雪片般飞到卫国宫廷内。新任卫侯名叫赤立，当年曾经和养牛爱好者子颓有过一面之缘，历史惊人的巧合，小赤同学也是个动物爱好者，不过他喜欢的比较上档次，是鹤。

小赤听闻小白前来讨伐，毫不畏惧，当场就怒了，小小齐国敢如此欺我（瞧这智商），我要和他们决战。这哥们还真有胆气，亲自带兵，志气高昂直赴前线。

齐军由管仲压阵，他看了看卫军的阵容，对王子成父道："教育教育他。"

齐军如猛虎下山，漫天的杀气压向卫军，刚才还士气高涨的卫军立马成

了小绵羊，死的死伤的伤。小赤镇定地看着战况，慢慢调转车头，兔子般飞奔回卫都。

齐军不容敌军有半点喘息的机会，紧追不舍，一直撵到城门下。小赤擦擦额头的冷汗，道了声："我的妈呀！"然后吩咐下属，赶紧写道歉信。

道歉信非常有水平，充分体现了小赤说话不要脸的特色。信中将所有责任都归到他父亲公子朔的身上，并完全划清自己和公子朔的关系："冤有头债有主，您有仇就找他吧。"

小赤把自己刚和小白打完架的事，忘得一干二净。

小白微笑着把信递给管仲，"仲父，西部大局已定。"

齐卫一战，彻底将卫国打服，管仲不想赶尽杀绝，他刚接到一个消息，北戎开始大规模侵扰燕国。

想要征服楚国，必须稳定后方。北戎是一个强大的部落，这不仅是因为他们在北部山区，地势险要难以征伐，更重要的是他们的部队完全由骑兵和步兵组成，来去自如。中原的军队都使用兵车，行动缓慢。小白执政前北戎凭借快速反应，屡次侵扰齐国。管仲最担心的是主力与楚国决战的时候，万一北戎突袭国都，那时将有灭顶之灾。

解决了卫国的事情，小白先摆出一副不依不饶的架势，在城下将小赤大骂了一番。小赤惊恐万分，但是有件事小赤觉得很奇怪，小白只是围城，光骂不动，就是不攻城。有聪明的臣子提醒他："齐侯想要保护费。"

小赤恍然大悟，忙令手下搜罗国库，金银玉帛装了满满五大车，送到齐军阵前（纳于齐军，求其讲和免罪）。小白立刻变得通情达理了："唉，赶走周天子的是公子朔，现在的国君有什么罪啊（罪不及子孙）。"安抚一番，带着财宝匆匆回了齐国。

燕国求救的人已等候小白多时，北戎令支部落万骑倾巢而出，急攻燕国。燕国边境上的老百姓已经被北戎抢光了。燕庄公缺兵少将，那点兵车已经让北戎的快速部队打得七零八落。

"燕国有灭国危险。"小白道。

"现在还未到时候，大王稍安勿躁。等到燕国处于绝境时，我们再出手相救。那时我们就是燕国的大恩人。"管仲认真分析道。

"嗯，有道理。趁着间隙，我们把彰国灭了吧，如今我们的边境上就只有这一个小国了。"如今的小白，已经杀红了眼，弱小国家见一个吃一个。

管仲有点为难："打彰国很容易，可是你不要忘了彰国的国君和你同是姜太公的子孙。"小白顿时无话可说，兄弟相残有碍他仁义的名声。

"这样吧，依此计行事。"管仲召来大元帅王子成父，嘱咐一番。第二天，齐国大军浩浩荡荡直奔彰国。齐国出动如此大规模的部队打彰国，总有些大炮打蚊子的感觉——根本用不着。当然，管仲肯定有他的道理。

彰国国君（以下简称阿彰）很早就得到了消息。

"小白终于要对我下手了。"阿彰愤恨地说。他不想投降，打算与齐军拼个城破人亡。哪知很快有人来报，齐军说他们不是来打彰国的，只是巡视纪城。

阿彰稍感放心。纪城紧靠彰国，希望齐军巡视完了赶紧走吧。当天晚上，阿彰听到喊杀声一片，他从梦中惊醒，慌忙组织部队抵抗。等冲上城头却发现，齐军并没来攻城，只是在演习（示以欲伐之状）。

虚惊一场。

外面的齐军黑压压一片，火光照亮了天边，阿彰吓得一夜未敢睡觉。到了第二天他的精神有点恍惚，一个下属前来禀告军情，又把他吓了一跳。

"离城不远有几个齐兵在勘探地形。"阿彰一身冷汗，这不就是攻占彰国的前奏吗？

一天的紧张情绪尚未消解，晚上又出现了冲杀之声，阿彰的心脏砰砰直跳，要杀要剐来个痛快，这不是要折磨死我吗？

小时候打过针的朋友有这个经验，真正打针的时候不是想象中那么疼，最怕将打未打之时，那种恐惧的感觉让人说不出的难受。

阿彰陷入等待生命结束的痛苦中。

一周之后阿彰崩溃了，放过我吧，我投降（郭君果畏惧求降）。

收到阿彰的降表，小白神情肃穆："仲父之谋，百不失一。"这句话和鲍叔牙当年的预言何其相似（使仲遇其时，定当百不一失矣）。

公元前663年，中原硝烟散尽，小白和管仲终于决定全力救援燕国，必须救了，燕庄公除了媳妇没让人抢走，其他的全没了。

四十二、初战北戎

北方近几年兵荒马乱，北戎奉行烧光、杀光、抢光的三光政策，这次兵临燕国抄了燕国的全部家当。

燕庄公完全没有料到这样的结果。起初他以为只是小股犬戎的普通劫掠，以必胜的决心出动全国军队驱赶，没想到遇上万余飞骑。北戎战术灵活，快打快撤，擅于设埋伏圈。燕国兵车行动太过缓慢，被围得死死的，燕庄公一下掉进了无底洞，这个时候倘若无外援必然国破家亡，甚至沦为北戎的奴隶。

这个北戎的部落叫令支国，其后代成了后来匈奴的一支，在草原上纵横驰骋。

齐军千里行军，先头部队临近燕国。北戎也有欺软怕硬的毛病，早知道小白是中原的霸主，听着名号就有点发憷。反正财宝美女都抢够了，既然燕庄公背后有齐国这个猛虎，就放他一马，硬碰硬对自己没好处。

所以齐兵到了的时候北戎已经开溜了。

小白很遗憾，他正想较量一下谁是真正的英雄呢。齐军的兵马驻扎在蓟门关，没过多久，狼狈不堪的燕庄公就前来迎接，千恩万谢的话说了一百遍。

小白想着没自己的事儿了，便准备撤兵，管仲拦住："我们一走，北戎必然又来，不如就此除根。"小白道："好，我也想见识北戎的飞骑。"燕王一听这话，心下大喜，当场请缨，就让我们燕国的壮士当前锋吧！小白看了下燕国士兵的落魄样，心道，就这德行还壮士，带你我都嫌累赘。当下好言相劝："你们连日劳顿，怎么能再冲锋，我于心不忍啊（何忍复令冲锋）！这样吧，你们做预备队，关键时候你们上。"

小白也有自己的忧虑。北戎居住的地方都是深山恶谷，荒草茂林，光是

瘴气就让中原士兵不知怎么对付。打北戎有一半的困难都在地理环境上。关键时刻，燕庄公提供了他在此次战争中唯一有价值的建议："东边有一个无终国，虽然也是北戎，但是与令支国水火不容，我们可以借助他们的势力，以毒攻毒。"

小白拍手称好，大麻烦解决了。

不过北戎向来对中原怀有敌意，与这种国家通好，小白觉得有点棘手。

国父管仲动用了他最厉害的秘密武器，公孙隰朋。

当时齐国人才济济，说客众多，一言令宋国罢兵的宁戚就是此中高手。但是公孙隰朋艺压群雄，一枝独秀。

管仲到了晚年常说："公孙隰朋是我的口舌。"

足见公孙隰朋外交能力之强。鲍叔牙辅佐小白入主齐国的时候，第一眼就看中了公孙隰朋。后来将管仲从鲁国虎口中救出来的也是这个人。

公孙隰朋是带着一车财宝玉帛去的，因为管仲相信不管什么国家，要的都是名和利。

看到财宝的时候，无终国王的眼神凝固了许久。虽然贵为一国之君，但他还从没见过这么多宝贝。况且无终国地处穷山僻壤，又没有实力去侵扰其他国家，绝对是属于东周第三世界发展中国家中的发展中国家。

公孙隰朋见这土老冒对自己有了好感，随即展开伶俐之舌，威逼利诱加挑拨离间，无所不用其极。最后无终国王相信，不干掉令支国，自己死都不安心。

当下一拍板："好，我动员全国军力支援你们！"

小白接到消息，心中大喜，派人隆重迎接无终国的志愿军。等无终国的大队人马开来，小白一看，心中顿时无限失望。

怎么才两千人？还全国国力，原来是吹出来的啊。

远来是客，小白笑脸相迎。无终国带军的首领名叫虎儿斑，小白一看果然很虎，典型的单细胞。不过这种人反倒让小白放心，如果脑袋太灵活，可就不好管理了。

令支国是北戎最奸诈的民族，他们能迅速壮大也是因为这个原因。就在小白准备进军的时候，北方的令支国已经制定了对付齐军的战略，主谋是令

支的大将速买。

速买曾多次侵扰中原，对中原军队的战术十分熟悉。他找到了对付中原部队的秘籍，集团式冲锋，分割歼灭。

与骑兵相比较，战车局限性大，本身速度也慢，而且转向又极不灵活，遇到成规模的骑兵基本上只能等着挨打。近战是不怕，但是碰不到人家。古代的战车包得并不严实，上面的人员也很容易被骑手射杀。虽然很多战车上都配有弓箭手，但是在颠簸的车上，准确度可想而知，况且就火力密度来说，也无法压倒对方。后世的赵武灵王学习北方游牧民族的战术，胡服骑射。改革之前赵国连一个小小的中山国都打不过，改革之后一年之间辟地千里，迅速跃居大国地位。

令支的老大密卢非常支持速买，给了他三千人马。

有人会说三千人马太少，但这要看在什么地方作战。速买这次的作战地点是齐军必经的山谷，三千人马打伏击战刚刚好。

速买安排伏击人马，自己只带着一百来人在谷口等待齐军。

速买正准备诱敌，远远看见又来了千余人，定睛一看，前边不是自己人吗？

原来齐国打头阵的正是无终国虎儿斑。速买醒过神来，心中大骂虎儿斑无耻败类，毅然带人冲上去迎敌。

虎儿斑刚到齐营就受到小白、管仲的吹捧，小伙子没什么心眼，信以为真，心想，我一定好好干，露一露无终国人的威风。抱着这种心理，虎儿斑见速买只带着一百来人，想也没想就带队猛扑过去，决心捉个活的。

速买在虎儿斑眼里是一个猎物，虎儿斑在速买眼里也是一个猎物。

速买见好就收，掉转马头逃向山谷，虎儿斑根本不怀疑，紧追不舍。

速买忽然停住战马，定定地看着虎儿斑，手放到口中打了个呼哨。顿时，无数人马四面围了过来，虎儿斑措手不及，整个部队被分隔开来。

分割包围痛下杀手，这是令支国的绝招。

一场猫和老鼠的游戏开始了，无终国的人一个个死去，虎儿斑的战马不知被哪个混球砍断一条腿，一下子摔了下来。

没有战马，深陷重围，想跑都难。虎儿斑是个刚烈的人，他决定自杀。

正准备举刀抹脖子之时，前方忽然传来千军万马的呼喊声，齐国的大军

到了，为首之人是齐国最善战的将领王子成父。

速买多次与中原军队交锋，对他们的战斗力很清楚。料想齐国只不过是仗着人多壮声势，何必怕他。于是指挥人马迎了上去，两军在狭小的山谷里混战，这个时候对个人作战能力要求特别严格。

要说明一下齐国的征兵制，军人是从特定的几个地区抽调出来的，也就是说这几个地区世代出军人。男孩一生下来就是打仗的命。一条街上老少男人全是当兵的，平时串门聊天的话题大多是如何打仗，这就形成了一种特有的尚武精神。更重要的是，由于征兵的地区过于密集，齐国军队容易出现父亲、儿子、兄弟、侄子、大叔、大伯齐上阵，一个班里全是自己家亲戚。俗话说，兄弟齐心，其力断金。这种组织形式，决定了齐国军队的命令下达顺畅，每一个士兵都会拼死作战，断断不会撇下自己人只身逃命。

速买遇到的就是这样一支恐怖军团。

速买感觉遇到了一股从未见过的血腥旋风，再不逃命就什么都玩完了，于是赶紧吩咐撤退。

齐军得胜回营，虎儿斑的兵将折损大半，自觉很没面子，见到小白，虎儿斑脸色通红，低着头不好意思说话。小白看出他的心思，笑道："胜败乃兵家常事，将军不用放在心上（胜负常事，将军勿以为意）。"

这就是气量，北戎人性格直率，你对他好，他以死报答你。若是在他失意之时讽刺他，终生都会仇恨你。

虎儿斑刚觉得痛快点，小白又说道："将军的战马死了，我送你一匹上好的战马吧。"此话一出，虎儿斑这个汉子顿时哭得稀里哗啦，这人咋这么好啊。

赠给败军之将名马，这是小白为人高明之处。

齐军继续前进，前行三十里，前方出现一座山，其名伏龙山。管仲道："不能走了，北戎主力就要来了。他们擅长伏击，如果我们背后没有依仗，很容易陷入敌军的层层包围中。"

齐燕军队于是驻扎下来。

管仲的这句话拯救了齐军。

四十三、兵车与人马的较量

速买往回逃没多久，就遇到了本国主力，密卢亲率万余人马与齐军决战。密集型集团冲锋就要开始了。

第二天黎明，伏龙山风云际会。管仲吩咐属下在山上结寨，偕同小白燕庄公在寨中指挥。山下则安了两座大营，上将王子成父与宾须无各统一营。因为这场大战有数万军马厮杀，燕国和无终国的人马稀少，只能打下手，在后方压阵。

攻击开始！上万骏马的奔跑让大地震动，北戎的攻势堪比出鞘的宝剑，锋芒毕露。在这支充满野性的游牧民族部队的冲击下，无数支中原部队悲惨溃败。他们已经猖狂了近百年，打仗时心里都在狂喊，来与我们对攻吧，必胜，必胜！然而这次出乎所有人的意料，巨大的冲击潮犹如碰到了岩石，北戎军溃退下去。

北戎军忘了这次齐国的指挥者是管仲。管仲深知北戎骑兵的厉害，在战略上已小心到极点，在交战的前一天他已命两座大营用战车结成大阵，远远看去就像一座战车城。层层战车之后，备下大批弓箭手。这一招无比巧妙地瓦解了北戎军的攻势。

密卢想从后侧袭击，无奈齐军背靠伏龙山，无处下口。几次冲锋北戎都没占到便宜，密卢马上改变战略，向敌军示弱。

戎兵越来越少，他们欺齐兵不敢出战，公然下马在齐军阵前闲逛，个别胆大的还睡起了大觉。管仲对虎儿斑道："你报仇雪恨的时候到了，去吧。"

虎儿斑早已迫不及待，车城打开一个口子，虎儿斑带兵冲出。虎儿斑来得突然，戎兵来不及上马，丢掉马匹撒丫子奔逃而去。虎儿斑紧紧追击。

密卢从高处看到虎儿斑的军马到来，吩咐伏击部队做好准备。

突然，齐军阵中有人鸣鼓，看来有人看出了破绽，要阻止虎儿斑。军令如山，虎儿斑面带不舍之色，掉转马头要往回走。密卢冷笑一声，现在再想走已经晚了，你们真是低估了北戎军的攻击速度。

密卢令旗一挥，埋伏的左右军同时杀出，侧翼双双包抄虎儿斑。北戎军速度非常快，虎儿斑就算是插翅也难逃出大军的包围圈。

就在此时，齐军阵上不知何时也出来左右二军，接住北戎的两支埋伏人马厮杀起来。

管仲坦然而笑，是你们低估了齐军的攻击速度。齐国富甲天下，军队马匹都是大周朝最好最快的骏马，多年征战怎能没这点本事。

最重要的是北戎原来的意图是包抄虎儿斑，因此军队放弃了集团攻击的优势。这下两军交战，就看谁的战斗力强了。

当年管仲出山时曾经胁迫小白答应他的任命计划。其中一项就是齐国军队必须由王子成父指挥，因为此人是军中不可多得的奇才。

管仲的话没有错，王子成父和宾须无两名军中悍将指挥兵马如行云流水，以冲击敌军著称的北戎军这次反而被冲得四分五裂，陷入齐军阵中，这场战争再不见戎军骁勇的身影，而是成了齐军的屠杀场。

北戎兵折损人马无数，大败而归。因为战况过于惨烈，密卢吓得心惊肉跳，久久不能平静。这只军队战斗力强得邪门，稍不留神就得命丧当场，这回密卢死也不想再和齐军交手了。

不管你如何不情愿，地球还是照样转，日子还得照样过。速买看出老大的心理阴影，提出了双箭一雕妙计："齐军若想再要再进军，必然经过黄台山谷。那里谷口狭窄，我们可将谷外道路挖成一个个大坑，然后用土木雷石将谷口堵死，派重兵在谷口防守。如此天险，齐军就算有百万雄狮也奈何不了我们。"

密卢拍手称好，只要不与他们对战，怎么着都行。

速买道："这只是其中一个步骤，大王你有没有发现伏龙山方圆二十里内只有濡水一条水源？如果我们将此水筑坝断流，齐军喝什么？"

速买的计划果然奏效。

齐军断水两日了，将士们口干舌燥，士气低迷。攻击的人不断带来坏消

息，黄台山谷外到处都是几米的深坑，别说兵车，战马都有摔残的危险。更可气的是谷口让戎兵用石头堵得像小山一样高，齐国步兵刚一靠近，上面弓箭石头就招呼下来。守卫的戎兵着实可恶，隔三岔五还往下撒泡尿。

看得见打不着，气死人不偿命啊。

只有快速穿过山谷才能抢到水源！这个时候本地人的价值就体现出来了，管仲找来虎儿斑："还有别的小路到达令支国军营吗？"

虎儿斑道："有倒是有，可是那路可远了。需要翻山越岭六七日，而且车马都走不了。"

"那就让宾须无带步兵过去。"管仲果断地说，可是突然又想到，没有水，他们不都得在半路上渴死吗？

小白那边也渴得不行了，人可以饿三天，但是如果渴上三天，神智昏迷，就只能等着戎兵来宰人了。唯一的办法就是在山上找水喝。

这个希望比较渺茫，但是死马当活马医吧。小白发出悬赏令，士兵什么也别干了，专门找水，找到了重重有赏！

一时间，漫山遍野都是齐兵找水的身影，刚开始时还热情高涨，但大伙很快就沮丧了，大家都是普通人，怎么会知道哪里藏着水。

万念俱灰之时，没想到公孙隰朋的一个小爱好拯救了大家。

公孙隰朋是个业余生物学家，喜欢研究小动物的特性，平时大家都觉得这人无聊，吃饱了撑的找事磨时间。但是这回大家改变看法了，公孙隰朋委婉地说道："根据我的研究，蚂蚁住处附近一般都有水。"一语惊醒梦中人，小白下令，赶紧去找蚂蚁。

满山遍野的齐兵弯着腰找蚂蚁。

公孙隰朋无奈了："没文化！蚂蚁是这么找的吗？"

众人一头雾水："咋找？"

公孙隰朋摇头晃脑道："蚁冬则就暖，居山之阳，夏则就凉，居山之阴。"

大家恍然大悟，现在是冬天，赶紧去太阳照着的那面。果然，蚂蚁找到了。

士兵们沿着蚁穴往里挖掘，不久果然有一股清泉汩汩流出。众军急不可

耐饮此泉，其味清冽，顿感全身每一个毛孔都说不出的畅快。这个消息传遍全军，顿时万人齐声高呼，声震九霄。密卢从大营中得知此消息，脸现惊骇之色："莫非中原有天神相助？"

速买倒是没怎么担心："大王，齐军必然缺粮，他不能光靠喝水过日子吧？刚才已有探子来报，他们派军回去取粮了。我料定支撑不了多久。"

速买所说的那只取粮部队，其实是宾须无的偷袭部队。管仲担心北戎察觉，特意嘱咐他们做出回大本营取粮的样子。管仲与宾须无约定，六日之内到达北戎军背后，不许泄露军情，否则宾须无的部队会有全军覆没的危险。这六天，是管仲精神最紧张的六天。

四十四、兵进孤竹

为了做好掩护工作，管仲命将士连续不断向谷内挑战，以迷惑敌军。两天过去了，管仲觉得就算这么做也难以保证北戎不起疑心，于是命令士兵挖土填坑。

按理说这是个很危险的举动，但管仲已管不了那么多，决定豁出去了。没想到约定的时间到来之际，谷外的道路居然填平了！管仲大喜，此时石头屏障的另一边可就是北戎军了。齐军静悄悄地行动，所有壮汉轮流上阵，半天时间，石头就搬得差不多了。

可是此时反倒疑惑了，怎么那边还没有动静呢？

齐军的精锐部队跳过石头障碍，正好落到几个戎兵身边。没想到哥几个正在睡大觉，齐兵手起刀落，做美梦的戎兵一下就上了西天。

为什么北戎兵防卫会如此松懈？这和这支部队的传统有关。

北戎兵做的是大规模抢劫的勾当，类似民国初期的土匪。他们擅长突袭，设伏诱敌等收益快的技术活，但是因为太懒惰，不适合执行需要耐性的任务。有心的人如果仔细观察，会发现北戎兵的作风与民国时期张作霖手下元老派带领的东北军十分相似。

典型的土匪作风。

密卢与速买喝了一天酒，正醉醺醺横躺在大帐内呼呼大睡之时，有兵丁闯入喊道："齐军来了！"两人迷迷糊糊以为在做梦，兵丁只好再大叫，两人一下被惊醒，冷汗顿时直往外冒，慌慌张张穿戴整齐上马迎敌。

密卢赶奔谷口迎敌，却觉得杀喊声有点怪异，他忙问速买："是不是我耳背啊，怎么齐军在前面，喊声却是从后面传来的？"

速买快哭了，啥耳背啊，他们抄小路前后把咱们的退路堵死了！

密卢脑袋嗡的一声，掉头就往回跑。一转头，正遇到宾须无的包抄军。

因为这次袭击快如闪电，北戎多数人还没有来得及上马就被干掉了。剩下的人被小白的大军追着屁股撵，均是用尽平生力气逃跑，路上被宾须无砍死的人不计其数。

北戎军要感谢宾须无的队伍没有骑马，否则将他们合围是轻而易举的事。密卢由速买保驾逃出包围圈，仗着马快，一会儿就消失在乱石中了。

小白下令清点战场，惊喜地发现这是一场空前绝后的胜利，光战马就有四五千匹，北戎抢劫的财宝数不胜数。小白趁着燕庄公在后面押阵，下令赶紧藏起贵重珠宝，对外不许提及此事。

这时，有人报告有个山洞里面藏着大批戎兵，小白下令一个不留。待到齐军冲入洞中，才发现里面全是燕国老百姓，小白摆出救世主的架势出来："乡亲们，我们来晚了。"

燕国的百姓欢声雷动，齐呼小白万岁。小白刚刚将燕国百姓的财物括入囊中，摸着鼓鼓的腰包倒是有点不好意思。

胜利就在眼前，直捣令支老巢。

大军开到令支城门前，却见城门大开。小白疑惑了，回头问管仲："有埋伏？"话音未落，里面就冲出一群北戎人，口中喊着听不懂的欢迎口号，大概就是"欢迎光临"之类的意思（无不箪食壶浆，迎降于马首）。小白命人询问："密卢呢？"北戎人兴高采烈地说那孙子跑了。东南方有一古国名叫孤竹，自商朝时就有城池，势力庞大，自立门户无人敢欺。密卢去那了，你们赶紧去把丫给弄死吧。

小白心说密卢同志人缘混成这个样，也算是个极品了。下令齐军不许骚扰百姓，搞好民族团结，休整两日，然后进兵孤竹！

齐军的行动早已被孤竹的暗探打听到，消息传到孤竹，密卢和他的老搭档孤竹国君答里呵开怀大笑。

孤竹国和令支国之间有两大天然障碍，中原大队人马要想通过简直比登天还难。

齐燕军队出发了，行进不到十里路便遇到了传说中的天然障碍，眼前的景象令人震撼，山石高低耸立，到处坑坑洼洼，荒草遍山，大蛇和狼虫等野兽横行其间，连树也不正经长，全是横斜着的。密卢那些土生土长的本地

人，走惯了山路，很快过去了，可是这一万多中原士兵怎么办呢？况且除了战车，还有运辎重的大车。

小白皱着眉看管仲，管仲沉思片刻说了一个字："烧！"士兵们于是将硫磺火种散在荒草之间，满山遍野顿时一片火红，到了夜间火势更烈，呼呼的北风夹杂着树木枝条的噼啪声，场面甚是壮观。

翌日，行军开始，成千上万的将士，有前方开路的，有后面拉车的，人声鼎沸。管仲兴致来了，又做了两首歌曲，一首叫《上山歌》，一首叫《下山歌》。历史会记得在这个荒山上，曾经有万余将士，壮志激情，扯着破落嗓子唱着战斗的歌曲，歌声撼动天地。仅仅三天时间，万余将士就翻过了令人生畏的黄山怪谷。

齐军的战斗力在当时绝对可以傲视群雄。

大军继续行进，不久后遇到了第二大障碍，一条深深的河溪（卑耳溪）。虽然是冬季，溪水仍然很深，水面宽阔，人和马过不去。探子回报，溪边本来有竹筏，但是都让孤竹国的人收走了。

还有五十里就可以直捣戎兵的巢穴。短短的五十里。

野史中说，小白碰到一个类似于外星人的东东，其名俞儿。这怪物也不知与小白几世的缘分，竟然主动给他指出一条明路，说往左走三里，那里的溪水比较浅，趟着就能过去。

当然是假的，溪水浅是管仲派人查探出来的，至于为什么那么说呢？有可能是因为荒山野岭，小白体虚做了恶梦，管仲用这个安慰他；也有可能是两人造假蛊惑人心。

小白想让大军迅速从水浅处过河，管仲阻止了。大军全体行动，渡河之时如果遇到对方的攻击会有全军覆没的危险，而且那种时候无法传达作战命令。

四十五、抢占团子山

情况紧急，一旦戎兵得知齐燕军队到了溪边必会派人来攻击，那时候再防备恐怕为时已晚。根据以往的经验判断，北戎兵可能会老毛病发作，认为齐军不可能到西边。所以发动突袭是齐军解决这次远征的最好时机。

管仲最担心的是无法抢到战略据点。根据降戎提供的地图，过了溪有三座大山，团子山、马鞭山和双于山。后两个无关紧要，唯独团子山地形险要，一旦戎兵派人占领，齐军将要付出极大的代价去攻打。更可怕的是，很有可能在没打下之前，齐军粮草就用光了。

目标直指团子山！

管仲命令军士夜间秘密编造木筏，齐兵速度神速，数百木筏一夜造成。第二天，兵分两路，王子成父带队乘木筏过溪，宾须无带队左行三里路，趟水过溪。临行之时管仲嘱咐宾须无，不管王子成父这边发生什么事都不要管，他的任务是尽快抢占团子山。

这天，答里呵感觉无聊，于是派人去查探消息。这小兵来到卑耳溪边，抬眼望去，看见数不尽的齐兵乘着木筏渡溪而来，顿时吓得腿肚子直抽筋，慌忙骑马飞奔回国报告。

答里呵惊呆了，元帅黄花（此人不简单）曾经劝过他，一定要在溪口伏下重兵。他以为只要齐军伐木造船，他就能立刻得知（彼若造筏，吾岂不知）。现在一切都晚了，得赶紧补救。于是命令黄花迅速带五千军兵前去溪边堵截，这位国君也是急了，拽着黄花的衣服喊："一定要快，快！"

密卢非常关心战事，一旁请战道："要不我助元帅一臂之力？"

岂料黄花大喊一声："不行！"然后转身对答里呵道，"这个人老打败

仗，太晦气，我怕他妨我。"黄花也是不动脑子，竟然当着密卢的面说。这弄得密卢很伤心，不好意思再说话了。

黄花带兵飞奔而去，如果及时，可以在齐燕军队摆渡之时袭击他们。

答里呵也是精通战术之人，黄花刚走，他身上立刻冒出冷汗，团子山！急忙对密卢说："现在你立刻赶赴团子山，能多快就多快，那里非常重要。"密卢领命离去。

卑耳溪边的战斗打响了，王子成父的先锋高黑刚带队上岸就遇到了黄花，双方人马展开了厮杀，由于前锋战士数量少，高黑吃了亏。更倒霉的是他不是黄花的对手，黄花能当上元帅，肯定有两下子。接连几次，高黑险些命丧黄花刀下。见势不好，高黑拨马带人回逃。黄花穷追猛打，迎面遇到一员齐国大将，二话不说就战在一块。直到打起来，黄花才暗自心惊，打了这么多年的仗从来没有遇到这么强劲的对手！

黄花的对手是王子成父。

这时，齐军主力已经密密麻麻涌了上来，黄花一看，身边竟然全是齐兵，心道不好，回马奔逃而去。

黄花同志是带着五千人来的，却一个人逃回去了。他跑到团子山，突然看到山上有无数人马，自己人？

一揉眼睛，我靠！全是齐燕的大旗。

密卢本来可以赶到团子山的，可这位仁兄受到黄花的刺激，影响了战斗积极性，走得有点慢。没占到团子山，他就在马鞭山上驻扎下来，在他看来，哪座山都一样。

区别可就大了。

黄花乔装打扮成一个砍柴的，偷偷从团子山的小路逃脱。到了马鞭山，看到山上有自己人的旗号，高兴万分地上了山，没想到迎接他的正是倒霉鬼密卢。

密卢笑嘻嘻地问黄花："哎呀，这不是常胜将军吗？您怎么一个人到这了？您的兵马呢，他们驻扎在哪了？"黄花满脸羞愧之色，不好意思说话。

到了晚上，还没有人给黄花送饭，黄花厚着脸皮找到密卢："我饿了，怎么还没有酒菜上来。"密卢摸着吃饱的大肚子，吧唧吧唧嘴道："哦，我

命人给你送去。"

黄花等了一个时辰，才有人端着一个有盖的小碗给他送饭。黄花心说，饭少点就少点吧，反正他故意整我。

一开盖黄花急了，我靠，这不是喂马的炒麦吗！（与以炒麦一升。）

黄花心说这里不能留了，我还是回国都吧。随即跟密卢要了匹战马，打马扬鞭往回走，没想到半路上马儿一个趔趄，一下子把黄花往前摔去，脸都摔肿了，他站起来一看马蹄，断了半截。不用说，肯定是密卢同志做的好事。

黄花回国都见到答里呵第一句话就是："咱把密卢给弄死吧。"答里呵问为什么，黄花脑门直冒冷汗，他太激动忘想理由了。

"嗯……这么回事。我们和齐军无怨无仇何苦惹这等麻烦，杀了密卢人头一交，齐国就退兵了。"

答里呵直皱眉头："小密和我关系不错，我不忍心。"

黄花正要挑拨离间，答里呵的军师兀律古说道："我有一计，定可以反败为胜。"答里呵知道兀律古素来多谋，忙问何计。兀律古笑道："大王忘了旱海了吗？如果将敌军引导那个地方，您认为还能出来吗？"

答里呵哈哈大笑："恶鬼居住的地方，齐军焉有命在？"

经过孤竹国三大首脑一昼夜的策划，一个诈降的连环计就此定下，这回连管仲也被蒙骗了。

四十六、恶鬼的家园：旱海

却说密卢在马鞭山与齐军对阵，齐军的攻势越来越强烈，多次突破防线。密卢这才后悔，如果我守的是团子山，齐军根本打不上来。这时突然有人禀报黄花元帅带着兵马前来援助，密卢急忙出迎。

晚来一步，马鞭山就失守了。

黄花这次见到密卢非常客气，双方边行边谈。黄花一指山下："咦？齐军怎么上来了？"密卢往山下一看，空无一人。只听得背后一声冷笑："哼哼！去死吧！"

密卢人头应声落地。

速买打不过黄花，弃营逃跑。但是孤竹国和齐国都在追杀自己，怎么办？速买想到齐营里有支虎儿斑带领的戎兵，决定去投靠虎儿斑。虎儿斑一见速买就认出他来了："哈哈，你在战场上两次打我埋伏，诡计多端的家伙，又来诈降，你当我是白痴吗？"

速买忙解释："我这次是真投降。"

虎儿斑快气疯了："我信你个大头鬼！拖出去砍了！"

可怜的速买一辈子就对敌人说了一次真话，还因此丧命了，真讽刺啊。

黄花取密卢人头不仅是报私仇，他需要以此来执行任务。收拢完密卢的部队，黄花向齐营投降去了。

"我们国主逃往砂硫国借兵去了，我劝他投降，他不听，于是我斩了密卢的人头带人前来投降。"这话实在无懈可击，况且他手里还有密卢的人头。小白相信了。

大军杀进孤竹国都，果然一个人也没有，这下连管仲也不怀疑了。

答里呵应该没有走远，小白问黄花："还能追上他吗？"

"完全可以！"

小白命燕军留下守城，齐军火速追击答里呵，由黄花做先导。

就这样，齐军大队人马绝尘而去。

这天夜里，守城的燕庄公总觉得有点奇怪，这座空城太诡异了！

入夜，宁静的古城里，只有寒风呼啸。城外突然传来纷乱的马蹄声，燕庄公哆哆嗦嗦到城头一看，顿时吓得头发都竖起来了。城下数不尽的北戎兵，手中各持火把，将黑夜照得如白昼一般。为首的人带马来到城下，哈哈笑道："我答里呵又回来了！"

小白的军队迷路了。

起初大队人马跟着黄花行了许久，午夜的时候有人禀报说黄花不见了，看管黄花的高黑将军也神秘失踪。这时大家才开始注意周围的环境：一片平坦而荒凉的戈壁，没有任何方向标志物，眼前灰雾迷绕，点起火把能见度也极其有限。

管仲下马，一脚踩在一块圆石头上，发出脆裂的声音，火把凑近一看竟是人头骨。人们这才注意到，整个戈壁死尸骨骸遍布，毒蛇穴居其中，乌鸦鸣叫，远处野狼长啸。

最恐怖的时刻到了，冷风吹起不少尸气，许多齐兵中毒，一头栽倒在地。

"停止前进！"管仲下达命令，对小白道，"听说西北有旱海，北戎人死了之后就丢在那里暴尸，千百年下来成了阴气聚集的厉害之处。我们应该就是在旱海了。"

小白暗骂北戎人不文明，有这么对待死人的吗？害得老子在有千年历史的坟地里过夜。

"仲父，我们该怎么办？"

"收拢兵马，千万别走散了。"

随行的军士急忙擂鼓，士兵们聚在一起，点起火把。周围冷气慢慢消散，也许人气太重，野兽不敢出没。

一轮弯月出来，离家的将士们要熬过这个恐怖的夜晚。

第二天，更大的困难摆在了小白面前。戈壁滩上没有路，大队人马不知往哪走。关键时刻管仲出手了，吩咐虎儿斑找几头北戎的老马放生。小白不明白管仲的意思，管仲道："赌一把，生死就靠它们了。"下令众军跟着老马走，竖刁觉得管仲这主意太差劲了，人都找不到，畜生管个鸟用啊，早晚得带狼窝里去。

近万名军士跟在老马屁股后边，老马左走大家跟着左走，老马右走，人们呼啦一下又右拐，马停下来找草吃，整个部队都得停下来候着。中国五千年文明史，这是仅有的几匹能够享受领导待遇的老马。看着老马越转越迷糊，气喘吁吁的竖刁问管仲："相国，是不是这马不够老啊，我这有一匹很老的马，要不换它试试？"

小白插口训斥道："你那马来自中原，没在这片混过，你以为是匹老马就能找到路啊，让尸骨吓傻了吧你！"

一整日的行军，就在士兵们累得腿如灌铅，快要放弃希望的时候，峰回路转，柳暗花明。前方有片连绵的山峰，一个宽阔的山谷就在眼前，迎面吹来一股久违的清新空气。小白深吸一口气，大呼道："得救了！"

齐军出了山谷，刚行不远，就看见前方出现大批北戎人。齐军已筋疲力尽，这个时候遇到袭击必然一击即溃。管仲整军待战，一面派探马侦查，原来是孤竹国的老百姓。这些百姓非常淳朴，齐军探马问什么答什么。

"战前答里呵让我们搬出城，藏在山谷里。现在仗打完了，他通知我们回去。"

答里呵又回到孤竹国都了？小白心说坏了，燕庄公估计让北戎人撕成片了。

四十七、最后的决战

燕庄公没有死。当夜，面对着答里呵的围城，燕庄公六神无主。与北戎多年的交战使他养成了一个好习惯，一看到穿北戎衣服的人就害怕。这时一名部下请求坚守待援，与齐军内外夹攻。

"坚守个屁啊，四肢发达的笨蛋，如果齐军不回来我们就死翘翘了。现在我们有更重要的任务！"

燕庄公命燕军放火，四个城门都给烧起来，城里能点的也给点了。

四门围城，必然有三处防守力量薄弱，这招就叫瞒天过海。

满城的大火，燕庄公趁着答里呵头脑发晕之际，集中兵力突破一个城门的防线，在夜色掩护下，仓皇逃往团子山。

小白要准备复仇了，兵围孤竹国都，做个最后了结。

此战由管仲全权指挥，营帐之内，气氛紧张。管仲命竖刁攻打南门，连挚攻打西门，公子开方攻打东门，唯独王子成父没有作战任务。

公孙隰朋低声对王子成父道："相国这回要让你做个大活……"

话音刚落，管仲大声道："王子成父、公孙隰朋你二人在北门外，左右埋伏。"这两人的任务是在北门做一个很大的网。

小白有点疑惑，作战会议结束之后，他问管仲："不对啊，仲父，你将主力放在北门打埋伏，竖刁他们三个能够打进城门吗？"

管仲哈哈大笑："他们三人能搞大声势即可，我已经派人协助他们了。"

虎儿斑带一小队心腹混在返程的孤竹百姓中，他们都是北戎的长相和装束，没有任何人怀疑。守门的北戎士兵如果细心的话，能发现虎儿斑一伙人

身上都背着很大一包东西。

那不是普通百姓的粮食，而是专门放火用的硫磺烟硝。

攻击就在子夜开始！

黄花元帅活捉了押送他的高黑逃回国都。答里呵很高兴，决定劝降高黑："你们齐军这回不死也得半个残废，投靠我吧，我会重用你的。"

高黑道："我世代受齐国的恩惠，怎么会做畜生的臣子（吾世受齐恩，安肯臣汝犬羊哉）！"

好血性的汉子，答里呵下令斩下他的头颅悬在北门上。

醉卧沙场君莫笑，古来征战几人回？出征的将士们开怀畅饮吧，就当你将生命交给了祖国！

四面炮声打破了宁静的夜，有戎兵禀告黄花："齐国大军将城门围住了。"黄花刚要上城门，又有人禀告："城里有人到处放火。"

黄花明白了，有内贼，先干掉里面的再说。于是派出部队沿街地毯式搜索。

这是个愚蠢的决定，危急时刻浪费大批人搜查，却忘了加强四个城门的内部防守力量。虎儿斑干完放火的勾当，就开始杀人了，直接赶赴最近的南门。几分钟工夫，守城兵士人头落地，城门打开，外面等候已久的竖刁挥军入城。

答里呵惊得不知所措，黄花闯到宫里告诉他一个好消息："齐军忘了围北门了，这是逃走的机会啊。"

答里呵二话不说，就从北门逃了出去。一伙人冲出北门，刚跑了两里地，只听宁静的黑夜中忽然有人说道："怎么才来啊？"话音未落，突然鼓声震天，火把四起，气势惊天动地。很快开方、竖刁和虎儿斑从后面统兵围了过来。

这是最后的搏杀，北戎军困兽犹斗，齐军力斩千钧，荒野之上血流成河。黄花虽狡诈，却是个铁骨铮铮的汉子，尽管知道会命绝于此却未乞降一声。他完成了战士的宿命，力竭战死沙场，兀律古也死于乱军之中。

自古书生智士多是如此，中原的也好，北戎的也罢，投错了主人，注定走向不归路。

答里呵被王子成父生擒，小白下令砍下他的头颅，挂在北门之上——数

日前那里是摆放高黑头颅之处。

终于赢得了胜利，齐军载歌载舞，这时燕庄公带军自团子山赶来欢庆胜利了。

燕庄公想向小白解释，小白道："不用解释了，你的情况我明白。这次征伐开辟了五百里疆土，但是中间隔着你们燕国，我越国统治太不礼貌了，这些国土都给你吧（请以益君之封）。"

燕庄公假意推辞："不行不行，绝对不行。虽然此战燕国也立了不少功劳，但是我怎么好意思呢。"

小白主意已定，燕庄公只好表情痛苦地接受。

出于对小白的感激，燕庄公组织隆重的仪仗队给小白送别，送了一程又一程。

"别送了（你都离家二百里了）。"

"舍不得，送送吧（五百里疆土爽死我了）。"

"别送了（三百里了，你有完没玩啊）"

"送送吧（送完我就不欠你人情了）。"

"别送了（妈的，你都送到我齐国来了）。"

"送……（我靠，我坏规矩了）。"

自古诸侯相送不能入他国境内。这事尴尬了，然而小白相当大方："从齐燕国境到我们所在的地方，五十里全划给你了。"

燕庄公真的承受不住了，都说福不双至，祸不单行，怎么今天好事都跑往身上了。又是再三推辞，小白还是不同意，你必须要。

燕庄公只好美滋滋地笑纳，再看齐国将领一个个黑着脸，那表情分明是在说："厚脸皮！厚脸皮！"

燕国自此西北增地五百里，东边增地五十余里，一跃成为北方大国，后来虎儿斑所在的无终国最终为燕国所灭。

小白为什么不让北戎人自治，而非要将燕国扶持为强国呢？大概他担心北戎人再惹叛乱，特意用燕国压制，而且他料定有能力控制燕国。齐燕是唯一通用货币的两个国家，可见两国关系之密切。

齐国还有一个目的，就是培养一个亲信国家，有鲁燕两大邻国的忠心跟随，齐国霸业就有了坚实的基础。

但小白和管仲没有想到，到了战国时代，燕国将领乐毅攻打齐国，攻陷齐国各大城市，曾经雄霸一方的东方大国被打得只剩下莒县和即墨两座孤城。乐毅同志还特意将齐国先人的坟墓挖了个遍。

前人田地后人收，说甚龙争虎斗！

得知小白回国，鲁庄公开始献殷勤，说了几大筐奉承话。后来有人报告鲁庄公，在齐鲁边界上有管仲的庄园。管仲？鲁庄公知道管仲和小白好得就差穿一条裤子了，管仲高兴了小白肯定也会高兴。于是鲁庄公开始张罗在管仲的庄园里建别墅群（乃发丁夫代为筑城），管仲向来喜欢奢华，如果别墅群建成了，管仲一定会感激自己的。根据工程的进度，当年秋后就可以完工了。

然而鲁庄公没有看到别墅群的建成，当年秋天忽然死了（公元前662年秋八月，鲁庄公薨）。

鲁国进入了前所未有的政治乱战时期，国家灾难开始。

四十八、鲁庄公的爱情

让我们远离这场政治斗争，回顾一段美好的爱情。鲁庄公即位时正逢青春年少，一日他突发奇想，要建个很高的台子。君主令下，台子很快就起来了。鲁庄公没事就到台上玩，后来宫人们发现鲁庄公有点不对劲，他上高台的次数越来越频繁，最后干脆搬到高台上不下来了。

原来鲁庄公和一个漂亮的姑娘来电了。姑娘叫党孟任，是名门大户党氏族人，党家的宅子正好和鲁庄公的高台对着。

少年的爱情是最纯真热烈的，鲁庄公马上派人送去书信表白。没想到孟任很坚决地拒绝了少年鲁庄公，我不想和你谈什么人生和理想，你是君主，要是把我玩腻后，就把我丢到冷宫里了。

可以看出鲁庄公是爱孟任的，因为以他的权势和身份，完全可以强占孟任，可是他不愿意这样做。

鲁庄公说你只要答应我，鲁国的正宫就是你，我不会再要别人。孟任说那你可得发誓。带着我们多数人经历过的初恋激情，这对青春期的男女在一个无人的地方发了血誓。

血誓！孟任割破手臂，将渗出的鲜血抹在鲁庄公的嘴唇上，吻了上去。

轻轻一吻，吻定了二人后半生的姻缘（以夫人言许之割臂盟）。

鲁庄公娶孟任时，没敢跟文姜提让孟任当夫人的事。直到有一天孟任生了一个漂亮的小男孩，文姜见到孙子喜不自胜，天天乐得直眯眼睛笑。鲁庄公趁机说："既然您这么喜欢这孩子，不如让孟任当夫人吧！"

"不行！"文姜近乎怒吼，当时齐襄公已死，她所有的愿望都集中到鲁庄公与哀姜成亲上了。鲁庄公视母亲如性命一般，再也不敢提。但是上有政策下有对策，哀姜才刚刚会走路，娶她要等数年。文姜好独居，这期间一定

要让孟任过够夫人瘾，因此孟任虽不是正宫夫人，但有夫人的权力（权主六宫之政）。

孟任也是个痴情的女人，随着迎娶哀姜的日子越来越近，她越来越恐惧。最后竟然一病不起。孟任病亡之时，正是哀姜嫁入鲁国之日。

海誓山盟易，托付终身难。

鲁庄公娶了哀姜这样的如花美眷，看似很幸福，其实很痛苦。对鲁庄公来说哀姜更像是一种寄托（她长相酷似文姜），她是文姜的心愿，娶了她就完成了文姜的心愿。哀姜同样是一种诅咒，鲁桓公死在齐襄公手下，如今他的女儿又来了，父亲在天之灵能安息吗？鲁庄公总觉得父亲的鬼魂晚上会出来训斥自己，于是最后决定重修父亲当年的宫殿，给老爷子盖个新家，讨好讨好他（以媚亡者之灵）。

在这种神经兮兮的情况下，鲁庄公能够心安才怪，估计他与哀姜亲热时都会担心老爷子在窗外看着。

鲁庄公有三个儿子，这证明他生育能力完全没有问题，他娶哀姜时正值中年，但是哀姜这个正牌夫人却始终没有生子。或许鲁庄公根本不想让她延续血脉，两人同房的次数也就越来越少。于是年轻的哀姜向她的父亲学习，给鲁庄公扣了大大的绿帽子。

勾引哀姜的人是公子庆父，这个人大有来头。鲁庄公临死前，鲁国暗伏着两大政治派别，一派以鲁庄公的亲弟弟公子季友为首，一派以鲁庄公同父异母的弟弟公子庆父和公子叔牙为首。

公子庆父属于唯恐天下不乱的那种人，北杏之盟后，齐国那么强大的实力，庆父同志竟然公然叫嚣要和齐国拼个你死我活。鲁庄公迎娶哀姜之后，胆大妄为的庆父萌生了要做鲁国的君主的念头。而勾结哀姜，正是这个计划中的一步。

鲁庄公不是傻子，他察觉到了公子庆父的野心，于是召见公子叔牙，问道："你觉得我死之后谁可以做国君？"

叔牙想都没想就提出建议："我觉得公子庆父可以，他即位国家就有依靠了(若主鲁国，社稷有赖)。"鲁庄公身上冷汗直冒，公子庆父果然有异心！

叔牙不知道，鲁庄公找他谈话意在试探。庄公一直听说叔牙与庆父狼狈

为奸，于是特意找他问话，没想到叔牙居然违背常理，绕过自己的三个儿子直接推荐公子庆父。

必须在死之前除掉他。

鲁庄公又召见弟弟季友询问继承人的事，季友道："你忘了孟任吗？她做不成夫人，难道她的儿子也做不成国君（既降其母，可复废其子乎）？"濒死的鲁庄公心头一阵凄凉，是啊，如果孟任做夫人，继承君位的人应该是她的儿子公子般啊。孟任，我总算对你有所补偿了。

就这样，人选确定了。

鲁庄公将公子叔牙的话告诉了季友，还没给出处理意见，鲁庄公却离世了。

季友喊来宫里的内侍："快去喊公子叔牙，大王让他去针季的家里！"内侍领命去找叔牙了。

叔牙见内侍传话，毫不怀疑，快速跑到针季的家里。一进家门，叔牙就害怕了，他居然忘了针季是季友的死党！

针季手拿一封信递给叔牙，叔牙一看，公子季友的亲笔信。

叔牙兄弟：

大王有令，赐你死罪，如果你把针季给你的毒酒喝了，你的子孙还可以世袭你的爵位。如果不喝，灭你全家（族且灭矣）！

叔牙一抬头，针季手里果然多了一瓶酒。抵抗道："我不喝！你们假传旨意！"

针季命人上去摁住他："假不假，你先喝了再说。"叔牙死活不张口。针季急了，脑袋上哪儿有窟窿就往哪儿倒，拎着耳朵，倒进了耳朵眼里。

果然是烈性毒酒，叔牙很快就七窍流血而死。

叔牙一死，庆父断了一臂。公子季友乘机奉公子般为国君。

季友没想到的是，这只是事情的开始。庆父还活着，政治上但凡涉及王位君权的斗争都是生死之斗，只能有一个人活下来。

四十九、谋杀之王庆父

公子庆父实在是太狡猾了，躲过那一击之后，他变得比小猫还温顺，任凭季友绞尽脑汁也抓不着他的把柄，何况还有哀姜这个前任鲁国夫人保护他。

庆父很快就开始反攻了，他虽然张狂，却是权术斗争中的高手，在此我们称他为影子派。因为他出手从来都是无声无息，你不会看到他拔刀，可那刀却会突然蹦出来取你性命。

庆父现在用的这把刀是个叫荦的马夫。荦与公子般的恩仇起因于一个绝色少女，这个少女是梁氏，与公子般情投意合，两人就定了终身。这天梁女依着墙在看乐队演奏，正巧荦从旁边经过。荦看了梁女一眼，立刻像中了八万伏高压电，浑身酥麻，一动都不能动。回过神来之后，他即兴唱起了歌曲，歌词内容极富挑逗性，大体就是"对面的女孩看过来"之类的意思。荦的野狼派唱法惊动了公子般，他带着手下循声而来。公子般一见荦满口哈喇子在那耍流氓，顿时怒火冲天："好小子，没事跑这发情来了。我非整死你不可。"吩咐下人拿板子往死里打，荦怎么也没想到泡妞还能惹这祸，被打了个遍体鳞伤。

公子般回到宫里对鲁庄公说起此事，鲁庄公一听，脸色变了："你怎么不杀死他？"

公子般道："这点小事，不至于吧？"

鲁庄公道："这个人非同一般，我听说他力气在鲁国难逢敌手，而且纵身能跳几米高。一旦他记恨在心，你的小命就难保了。"

公子般不以为然，觉得没有必要较真。

对敌人宽容就是对自己残忍，公子般将要体会到这一点，因为庆父已经找到荦了。

"荦呀，我听说你的悲惨遭遇了。这个公子般简直就是没人性啊，你不过唱个歌关他什么事，恋爱自由嘛！受了这么大委屈，要是我早弄死他了，男人就得有仇必报。"

实践证明如果你跟不讲道理的人讲歪理，他肯定觉得很中听。在庆父的忽悠下，荦完全被洗脑了，他觉得，如果不杀死公子般，自己今后根本就没脸做人。

机会来了，公子般的外公党氏死了，公子般出宫到党家吊唁，夜晚就住在了党家。宫廷防卫森严，出入都要盘查，但是一旦出了宫殿，下手会变得很容易。庆父第一时间把这个消息告诉了荦。

夜晚时分，公子般已经熟睡。荦翻窗进来，手持长剑，逼近了公子般，这是最好的下手时机。但是荦没有动，相反他把公子般叫醒了，他要先讲清楚为什么要杀公子般。

"你是谁？"

"我是荦，当年遭你唾骂的那个人。"

公子般心说都快死了，我听你废这话做什么，抄起床边短剑将荦未持剑的胳膊砍断。

荦疼痛难忍，情急之下刺了公子般一剑，公子般躲闪不过去，被刺中心口，当场身亡。

荦身受重伤，无法逃走，被赶来的侍卫们砍成肉酱。

消息传到季友耳朵里，这哥们立刻以迅雷不及掩耳之势收拾行李，找了匹快马跑陈国去了。

公子庆父心情愉悦，他喊着为公子般报仇的口号，血洗了荦全族，无一人幸免。

如果谁有公子庆父这种朋友，那真是十八辈子修来的霉运。

接下来就是重立新君了，哀姜劝庆父当国君，庆父拒绝了。除了公子般，鲁庄公还有两个儿子，此时当国君人心不服。

两位候选人，一位是哀姜的陪嫁妹妹叔姜生的，名叫公子启；另一个是鲁庄公的小妾生的，名叫公子申。庆父与哀姜一商量，公子启年龄比较小，好控制，就立他吧。

公子启一上台，就注定了当傀儡的命运。哀姜把持内宫，庆父控制朝堂。公子启不甘心，他想到了外援，列国中唯一有能力掌控鲁国局势的就是齐国了，而且姜小白从血缘上说是他的舅舅。好，就找他了。

公子启写了一封信，很普通的信，就是想与齐国加强一下交流。庆父没看出什么猫腻，让他去了。公子启一见小白就拽着他的袖子嚎啕大哭。小白说孩子怎么啦，两国会谈的元首没你这样的。

公子启详细说了鲁国的局势，小白沉思片刻问道："鲁国谁最贤明？"

公子启答道："季友。"

小白道："那就让他回来协助你。"

公子启道："我可不敢，庆父还不杀了我。"

小白微微一笑："告诉他，这是姜小白说的。"随即派人将季友从陈国接到会议地点。

公子启带着季友大摇大摆地回到了鲁国，庆父一点辙也没有，因为季友身上带着小白的免死金牌。如今的姜小白说话掷地有声，庆父犯不着跟自己的脑袋过不去。

但是庆父比以前更嚣张了，接连不断地找公子启的麻烦，若不是季友保驾，估计小公子启早已魂归九天了。

这天，小白派仲孙湫到鲁国访问，顺便问一下国内的情况。公子启见到仲孙湫，眼泪又上来了，哭哭啼啼地将庆父为恶的情况报告一番。

仲孙湫找到季友问："你怎么不干掉庆父啊？"

季友皱着眉头伸出一只手，仲孙湫明白了，孤掌难鸣啊。

仲孙湫回国如实报告小白，小白怒道："我派大军灭了他！"

仲孙湫摇了摇头："大王，依我看还不到时候，眼下庆父还没有惹起鲁国人的怨恨，我们插手不太好。等到他现形的那一天吧，快了。"

庆父的确加快了暗杀公子启的步伐。他就像一只飞蛾，把火焰误当成了天堂，所以每成功一次，距离死亡就更近一步。

这天，大夫卜齮满脸通红进了庆父的家门："大王偏向慎不害，把属于我的田地分给他了！"

这本是一件很小的事，庆父却挑拨道："大王年纪小，处事就是不公平，我看他是看你不顺眼啊，只要他在一天，估计老兄你的田地一块都保不住！"

据科学家实验证明，如果被看出分配不公平，即使猴子也会发怒。庆父充分利用了动物这一天性。卜齮失去理智，心里起了杀机。

"公子启年幼贪玩，喜欢逛街市。你派人半路把他暗杀了。只要此事一成，鲁国有权力决定继承人的就是国母，那时候杀剐存留全是我说了算，慎不害家里的地全分给你！"

估计这卜齮大夫也是典型的守财奴，一听条件立马答应了。

暗杀开始，公子启走到了人生尽头，在喧闹的街市中，有人突然闯出将他刺死了。

消息再次传到季友那里，他二话不说马上收拾行李逃跑，走到半路上他想起来鲁庄公三个儿子让庆父干掉俩了，剩下那个我得带走。

季友飞奔到公子申家里，将他从睡梦中拉起来："别睡了，再睡就永垂不朽了，快跑！"

午夜狂奔，两人跑出了都城。

庆父果然没有食言，将慎不害灭门，因为他是季友的人。卜齮得到了慎不害的全部田地，他一辈子从来没这么开心过。

可惜这快乐转瞬即逝，鲁国的百姓暴动了！

五十、铲除祸根

短时间内死了三个国君，鲁国动荡不安。尽管找出了直接凶手，但是日久见人心，老百姓开始明白幕后黑手只有一个，那就是公子庆父。

愤怒的民众闯到卜齮家里，但凡有活着的都送去见了阎王。公子庆父自知引起了众怒，慌忙扔下哀姜，自己跑到莒国去了。

哀姜留在鲁国，她不想走，她准备继续忽悠人民，我在内宫，公子申的死和我有什么关系。但是当她听到一个消息，就再也不敢留在鲁国了，小白要出兵鲁国。

做贼的都心虚，庆父隔三岔五去哀姜的卧室通宵商谈国家大事，小白怎么会不知道。哀姜害怕娘家人兴师问罪，决定跑到莒国找庆父。

这是一个愚蠢到极点的决定，连婢女都劝她："国人正是因为庆父才暴乱，你去找他不是引火烧身吗？"

这个绝世美女已经走投无路了，鲁国不能留、莒国不能去、齐国不能回。天下还有容身之地吗？

有人出了个好主意，鲁国人都爱戴季友，你去邾国找他，也许还有一线生机。哀姜急忙赶往邾国求见季友，季友闭门不见。

季友恨透了这个女人，若不是你在内宫给庆父撑腰，他怎么会猖狂到这种程度！遭到冷遇，哀姜索性耍赖皮，我就住在你周边不走了。事到如今，哀姜才发现，这个自已处心积虑想害死的男人居然是最安全的。

哪知第二天季友便火速带公子申回到鲁国，但并非因为哀姜，而是因为他意识到了危险。

鲁国有难！

"齐军帮助我们恢复国内形势不是很好吗？"公子申问道。

"国内群龙无首，只怕小白有吞鲁之心！"

远在齐国的小白打了个寒颤："谁在诅咒我？"

小白正在召开兼并鲁国的论证会，现在是千载难逢的好机会，鲁国几乎不设防。小白的意见是以调停为名义，进入鲁国。鲁国只剩下唯一的传国血脉公子申，除掉他就可以趁乱兼并鲁国了。

关键时刻，仲孙湫提出反对意见："鲁国重视教育，从小就给孩子洗脑做爱国主义宣传，我们强行兼并恐怕激起民怨（人心未忘周公）。况且季友和公子申都是治国之才，他们登高一呼，鲁国人必然群起响应。到时齐国岂不陷入苦战？"

仲孙湫的话解答了一个重要的问题，有些人问为什么秦始皇可以统一六国，而小白只能做个霸主呢？

不是小白不想统一中原，只是当时齐国没有绝对压倒各诸侯国的实力。并且百姓心中都还有大周朝子民的观念，如果小白敢称王，只会做出头的椽子，逃不脱"先烂"的命运。

可是小白还是有点不情愿，给带兵到鲁国的高傒写信道："你观察下公子申这人怎么样，能立就立。如果没什么本事就废了他，鲁国划为我有。"

高傒与公子申在鲁国会面了，他对公子申进行了全方位的考察，相貌、身材、说话有没有条理、看事情大脑有没有进水……

鉴定结论：可堪大任。

双方开始合作了，高傒负责在兵力上压制莒国，季友负责整死公子庆父。

庆父能留在莒国是付出很大代价的，他赠给了莒国老大莒子大量珠宝，莒子贪财将他留在国内。季友派人会见莒子："庆父给了你多少钱，我们给双份。"

莒子典型的守财奴性格，马上收下了季友的贿赂。公子庆父素来喜欢暗地里下刀子，没想到这次被莒子黑吃黑了。

莒子热情洋溢地找到庆父："我们地方小，不希望因为您惹来战祸，要不您去别的国家吧。"

庆父在人家屋檐下，只能可怜巴巴地低头："您是不是嫌我给的财物少啊？"

"什么财物？"莒子怒目相视，"公子庆父你说话可要有证据！"

庆父一句话也不敢说了。

翌日，有人禀告莒子："那个公子庆父还没走呢。"

莒子大怒："他怎么这么无耻呢。去！把他赶走。"

庆父被莒兵追着跑出莒国。

事到如今他决定厚着脸皮去齐国求小白，齐边境守卫一听他通报姓名立刻拒绝："不行，不行，听说你是丧命星，到哪儿哪儿乱，不能进。"

公子庆父被逼无奈，只好居住在齐鲁边境的汶水边上。齐人赶他，就往鲁国跑；鲁人赶他往齐国跑；双方都赶他，老子跳汶水河。

庆父的一个好友奚斯去齐国办事经过汶水，庆父对奚斯说："你回鲁国后问下季友，我还能回去吗？我愿意一辈子当平民老百姓还不行吗？（长为匹夫死且不朽。）"

奚斯回去禀报季友，季友道："你回去告诉庆父，他的家人都会好好地生活，只要他能主动自我了断。"

庆父天天等着鲁国的消息，这天，下人来报，奚斯回来了，他不肯进门，老是在门前哭。

庆父明白了，他呆坐了一会，出了屋门寻找适合上吊的优质歪脖树。

当年他藏在暗处想要谁死，谁就死。如今谁都想要他死。

仲孙湫曾说过，庆父不死，鲁国就会灾难不断（庆父不死，鲁难未已）。不知悬在树上的公子庆父是否真正明白这句话。

庆父死了，齐鲁两国目光转向邾国的哀姜，平心而论，谁都想让哀姜死。但她的身份在那呢，鲁国国母！鲁国没人敢犯下杀国母的恶名，齐国担心杀她会惹怒鲁国。

小白下了决心，这个女人必须死。他和管仲商量了很长时间，认为只有一个人能堪此任，竖刁。竖刁是有名的坏水大王，他干这种事太顺手了。

临行时小白告诉竖刁："要做得干净利落，别给齐国惹麻烦！"

竖刁出发了，他的身份是将哀姜从邾国接回鲁国的使者。自从哀姜上了竖刁的大车，竖刁就开始发愁了，杀人容易，可要不露痕迹，难呀。

竖刁设计了好几个杀人方案，都不妥。在我的车队死的，肯定怀疑我。马上就要进入鲁国，不下手就没机会了。竖刁开始劝哀姜："唉，鲁国两个

国君都是因为你死的。"

这正是哀姜所痛苦的，她心中一阵抽痛。

"齐鲁两国人谁不知道这个事啊。"

哀姜满脸通红，羞得想找个地缝钻进去。

竖刁歪着头看了看哀姜的脸："夫人您回去，天天看到太庙里的灵位，还有脸在那吗（何面目见太庙乎）？"

哀姜痛哭流涕。

竖刁安慰道："夫人别哭了，事情总有办法解决的。"

哀姜求助的目光看着竖刁。

竖刁冒出一句："要不你自杀吧（不如自裁）！"看着哀姜迟疑，竖刁狠狠地说了句，"只有这样才能有好名声！"然后拂袖而去。

竖刁走后，不断派人打探哀姜的动静，据说哀姜一直关门痛哭。竖刁心中恼怒，这人怎么不听劝啊。

哀姜不死，竖刁不敢睡，这个政治任务非同小可，完不成小白肯定收拾他。竖刁半夜起来，偷偷摸摸地溜到哀姜的房门外面，他打定主意了，哀姜还不死自己就帮她。

里面已经没有了声音，竖刁推门一看，哀姜自缢身亡。

竖刁急忙给鲁国报信，当然他十分强调哀姜是自杀的。鲁国人心有怀疑，但没追究，这个女人死了就是好事啊。

至此，鲁国彻底平静下来，齐鲁两国友好如初。

五十一、迟来的英雄卫懿公

齐国的强大惹怒了另一股游牧民族势力，北狄。北狄实力胜过北戎，控弦数万，兵马众多。看着北戎被齐国灭国，北狄难免有兔死狐悲的感觉。

北狄和北戎不同，北戎势力范围与齐国搭界，北狄跟齐国隔着十万八千里。直接找齐国的麻烦不太可能，而且北狄国君瞍瞒害怕齐国，一万多北戎兵全让齐军杀光了，战斗力之恐怖可想而知。

瞍瞒决定欺负齐国的小弟。公元前660年两万多北狄骑兵突然袭击邢国，邢国的城池一天内被攻陷了大半。

在此介绍下北狄，《多桑蒙古史》和《蒙古源流》两本书都有关于北狄的记载，确切地说凡是叙述蒙古民族历史之经典著作，皆以"北狄"为蒙古民族之始。北狄的历史就是血腥征战的历史。《中国史纲》云："以戎与狄最富有历史活力，在春秋时把黄河中游一带闹得天翻地覆。"他们的战绩是胜利、胜利、再胜利。

瞍瞒得到消息，齐国正联络各国准备救援。瞍瞒一挥手，快走！有部将问瞍瞒："齐军不是还没来吗？"瞍瞒大怒："来了我们就跑不了了。"

瞍瞒熟知齐军如何干掉北戎，对齐军的行军速度心有余悸。

北狄两万大军撤退的时候路过卫国，瞍瞒贪心又上来了。嘿嘿！这个国家是我们的了。

作为一个千乘之国，卫国并非没有招架之力，可是现在的卫国不同往日，正处于一个养鹤时代。

在此，我们上文中提到过的愣头青小赤再次出场。小赤即卫懿公，这哥们特别喜欢仙鹤。未即位之前，他害怕父亲责骂，行为有所收敛。等卫惠

公挂掉，小赤便开始疯狂地养鹤。不管哪国人，只要能献上仙鹤，小赤重重有赏。时间长了，宫廷里的仙鹤多得快养不下了，就算是上个厕所也不得安宁，冷不丁就会有一只仙鹤从头顶飞过。

随着对仙鹤的喜爱日益加深，小赤办事越来越不着调了。所有的仙鹤都有官衔，长得好的是大夫，长得不好的是士。这脑残还真给仙鹤发薪水，包括养鹤的人也是酬劳多多。一时间卫国百姓都感叹做人不如做鸟。

这天卫国的将领接到通知，以后出行不必陪着大王了。车马全让出来，将领们很奇怪："让给谁啊？"

"鹤大将军！大王亲封的。"

众将快崩溃了，实在是太伤自尊，那帮鸟将军能给你打仗啊？

小赤的封赏很及时，仙鹤将军上任不久，两万北狄人马蜂拥而至。

消息报到小赤那，他正带着仙鹤在田野里闲逛，一听消息很是惊慌："什么？北狄人杀过来了？快回城召集人马！"小赤一改往日闲庭信步的姿态，被狼撵了一般蹭蹭蹭跑回都城。

都城早已人心惶惶，小赤下令火速征兵。卫国的军事体制和齐国不同，老百姓平时各忙各的，只保留部分常规部队。战争的时候短期内征集，相当于全民皆兵。卫国近十年没打过仗，让一帮干活的农民拿起武器，战斗素质可想而知。

更倒霉的事发生了，征兵办主任报告小赤，一天之内没征够五个兵。

"把逃兵役的给我抓起来。"小赤眼睛都红了，国难当头，百姓不保家卫国，撂挑子跑路这在卫国尚属第一次。

很快就抓来一百来号，小赤亲自审讯，他想知道原因。

"给我理由。"

"您有仙鹤抗敌，用得着我们吗？"

"仙鹤？仙鹤能打仗吗？"

"不能打仗？您还知道它们不能打仗啊？那为什么把它们当宝贝养着，对我们却收重税？我们就是不服！"

小赤的脸越来越沉，泛着黑气。被抓的人开始担心，这王八蛋要对我们下毒手了。

"所有的鹤立刻放了，我得听老百姓的。"这就是动物爱好者小赤，脑

子一会进水一会清醒。

这个命令作用重大，毕竟老百姓还是爱自己祖国，大家重新拿起了武器。

这时石祁子提出了关系卫国命运的建议："我们还是向齐国求救吧。"

小赤想了想说："上次被齐国打败后，好几年没跟他们联系，他们怎么会来呢？不如我们和狄人决一死战！"

没办法，又脑瘫了。

很快，小赤做了一个更大胆的决定："我要御驾亲征。"

下属们一下被吓蒙了。

"大王，敌军实力强大，去了凶多吉少，您可想好了？"

"正是因为这样，我才要去安定人心。"

平心而论，中国的国君有小赤这种胆量的确实少见，敌我悬殊啊。多少年后的宋真宗硬着头皮御驾亲征，教科书上还把他吹捧成"赵大胆"。

下一步就是任命元帅了，小赤决定让渠孔为帅。事后看来，真的是英雄惜英雄，笨蛋惜笨蛋。一切准备就绪后，这支新兵蛋子组成的集团军向前线进发了。

刚一上路，厌战情绪就开始蔓延，士兵里流传着一首歌，其中一句歌词是："狄锋利兮不可撄，欲战兮九死而一生。"

战争有一半是拼士气，可以想象一天到晚唱这首歌，到了战场全变成耗子胆了。小赤听了这歌很痛苦，暗道人心散了，队伍不好带啊。渠孔得知此事大怒，吩咐下去："谁再唱这首歌，力斩不饶！"

歌是不唱了，人们逃跑的心更强烈了，这种新兵根本受不了强压。

很快，卫狄两军相遇了。渠孔亲自上阵指挥，等真看到狄军，渠孔悬着的心放下来了。狄军队形散乱，士兵懒懒散散，明显被动挨打的阵势。渠孔道："狄人不过如此，这回我们赢定了。"

卫军一拥而上，大有一口吞掉狄军之势。狄军大败，卫军猛追不舍。渠孔一点都没想为什么战斗会进行得这么顺利。若是管仲在场，必会告诉他，快逃命吧，那是诱敌之计。

一千多狄人的诱敌部队顺利地完成了任务，卫军像一头傻乎乎的小鹿闯入了狼群。随着一声清脆的呼哨声响起，所有逃跑的狄人突然停下来，回头

幸灾乐祸地看着卫军战士，新兵们一下子懵了，这是什么意思，那分明是同情的眼神。

马蹄攒动，大地在震动，两万游牧人马的集团冲锋开始了。这些马背上生长的人，灵魂都是嗜血的。卫国笨重的战车队伍如同玻璃般碎裂，很快卫军被截成了三截。刚才还仗着人多势众张牙舞爪的卫军，立马由大老虎变成了小老鼠。此刻大家脑子里只有一个念头，逃命，不顾一切地逃命。

然而一切都晚了，战车的奔跑速度远远落后于战马，如果想下战车跑，活命更没指望了。卫国士兵傻看着无数狄人的战马飞驰而来，手起刀落，一个个倒在血泊之中。

数不尽的狄军拥了上来，小赤的车驾被围了个里三层外三层。渠孔披散着头发跑到车前："大王，快摘下车上大旗，换上服便装，也许您还能逃出去。"

小赤想了一会儿："哎呀，那样我们的兵就找不到主帅了。"渠孔无奈了，小赤同志的思想太先进了，常人无法捉摸啊。

狄军以迅雷不及掩耳之势杀到近前，将小赤和渠孔剁成肉酱。大概小赤临死之时没有任何恐惧，因为史官记载他最后的一句话是："我不摘帅旗还有一个原因，想用死向我的百姓谢罪（孤宁一死，以谢百姓耳）。"

小赤是个很奇怪的人，他犯下弥天大罪，却在完全可以逃生的情况下，用生命洗刷了罪恶。

义无反顾地奔赴战场，宁死也要高举帅旗，一位迟来的英雄。

五十二、军事家瞍瞒

　　狄军大获全胜，血气漫天的沙场上，两个文弱书生被押到瞍瞒前，他们是《卫史》的修订者华龙滑和礼孔。瞍瞒见他们的装扮便知是高级文官，通常官员都放在最后杀掉，以振奋士气。两人已是待宰的牲口，只待北狄主瞍瞒轻吐一个杀字。

　　哪知礼孔昂首挺胸地对瞍瞒说："我是卫国的太史，主管国家祭祀。我可以先去都城给神灵通报。否则上天不保佑，你们也休想得到这个国家（鬼神不妆佑，国不可得也）。"

　　礼孔说这话时有七分底气，他是学者，对狄人的事情知道得比较多。听说狄人特别信鬼神，不管是出征还是红白喜事首先要跟神灵商量。知道这一点，礼孔决定豁出去了，忽悠忽悠瞍瞒，反正左右也是个死。

　　瞍瞒听明白意思慌忙下马，命人追奔车驾，恭恭敬敬地送两人离去。北狄人虽然嗜杀却非常诚信，不说瞎话，以己推人，他们以为对方的高级文官更不会说瞎话。

　　一根筋的他们哪里知道，中原的官员最擅长的就是说瞎话。

　　华龙滑和礼孔两人玩命般跑回都城，告诉守将宁速狄军要来的消息。礼孔讲完后，长舒一口气："各位，我完成任务，要去陪大王了。"话音未落，便毅然拔剑自刎！华龙滑哭着道："我们的责任是保护史书，你怎么把活都留给我了呢？（不可失史氏之籍。）"

　　正是因为华龙滑对史书的忠诚，《卫史》才得以完整保存下来。

　　宁速自知无力守城，带着卫侯宫眷及公子申，连夜乘小车出城东走，华龙滑也抱着竹简在后边跟着。都城的百姓很快得知这个消息，扶老携幼追着宁速奔逃。

百姓的脚步再快也比不过战马，北狄的军队还是追了上来。屠杀开始了，这一天是卫国的国难日。狄人不同于北戎，北戎的特点是男的杀、女的抢，还有一部分带回去当奴隶。狄人则是男的杀、女的杀、老人孩子更要杀。若以当时齐国每县九千户为准，卫国都城大约有五万人。而这五万人逃到黄河边上时只剩下七百二十人。

宁速逃到黄河时绝望了，漆黑的夜里，前有滚滚黄河，后有狄人追兵。如果让卫国宫眷让狄人抓获，必然酿成奇耻大辱。宁速心头大悲，大王啊大王，当初你为什么拒绝向齐国求助？

正在这时，忽然峰回路转，河面上来了无数大船，船上兵将林立，船头大旗飘扬，上面一个"宋"字，御说出来管闲事了！船只靠岸，军士们跳下船迎击狄人，前锋狄人感觉来敌不是善茬，没敢交战，匆忙收兵。

瞍瞒得知宋国出兵，当即撤兵奔向卫国首都府库，金银细软一样都没落下，又广泛劫掠百姓家存留的金银和粮食，战利品堆成了小山，满载而归。

临走时瞍瞒突然想起件事，指着卫国城墙道："全部拆掉！"这就是北狄不同于北戎之处，大发横财时也不忘为下次攻打做准备。可见瞍瞒是一个很有远见的人。

可以说，瞍瞒是春秋时期少有的军事家。他深知一旦和齐宋等强国交锋，将占不到任何便宜，因此战术颇有游击战的风格，比如敌进我退，打邢国时一听说小白想出兵就立刻撤退；也有运动战的风格，比如不打无把握之仗，以十倍兵力围歼敌人，消灭卫国就是成功战例。

总之瞍瞒的性格很突出，谨慎、聪明和善战，碰到这种人管仲也拿他没辙。

战乱后的卫国重新建国，三天后噩耗传来，新任国君公子申病死了，多难的卫国迎来新国君公子毁。因为没钱建宫殿，公子毁借宿在老乡家里，锅碗瓢盆都是小白热心赞助的。当时到漕邑的人可以看到一个穿粗布衣服的年轻人早饭吃青菜叶子，吃完就下地干活，这就是新任国君公子毁，估计这位是史上生活最贫困的国君。

小白担心狄人还会侵袭，主动派了三百乘兵车在漕邑驻防。管仲提议不如在险要位置帮卫国建都城，那样可以一劳永逸。小白觉得主意不错，刚要派工匠，探马来报，邢国告急，北狄人又来了。

瞍瞒尝到了甜头，决定再出来干一票。因为上次攻打邢国，发现邢国的防卫不是太严密，因此又来捏这个软柿子。

小白不想一次次的劳师动众，请教管仲："我们救不救？"管仲道："诸侯之所以服我们，主要原因是我们罩着他。此次若不救，齐国信誉会扫地。"小白急忙通知宋、鲁、曹、邾四国，在邢国附近的聂北聚集，共同伐狄。事情十万火急，晚一步邢国就有灭国的危险，宋曹两国人马一天之内就赶到了。

没想到小白却不慌不忙地说："我们再等等鲁、邾两国吧。"

一天、两天、十天、二十天……时间飞逝，瞍瞒为了大抢一笔，玩命般攻城，他将部队分成黑白两班，两队人马不舍昼夜轮班攻城。守城吧，我就不信你不睡觉，困死你！

就这样，将近两个月过去了，小白还在等。

他在等什么呢？他在等狄人攻破邢国的城池。

管仲认为，邢国现在还有防御力量，齐国去了就没有多大功劳。只有狄人将刀架在刑人脖子上再施救，邢国人才会把齐国当做大恩人。更重要的是，那时候狄人筋疲力尽正好方便攻打。

再好的政治家也不会完全关心民生。

小白在暗骂，瞍瞒你好笨啊，怎么这么长时间还没打下来。再拖的话我就露馅了。

瞍瞒的心情非常纠结，眼看着邢国府库里珍宝粮食成堆，却攻不进去，小小的一个邢国太难打了。更让瞍瞒恼火的是背后的三双眼睛，一旦齐宋曹三路大军包抄上来，将对狄军构成巨大的威胁。但是眼看邢国就要攻破了，就此放弃岂不可惜？

小白整日处在焦急的等待中，瞍瞒整日处在痛苦和欲望的煎熬中。

终于在一天夜里，邢国城门大开，成群的邢国人涌出城来，奔向齐营求救。到了齐营有人嚎啕大哭，瘫倒在地。小白让人扶起一看，是邢国的老大，刑侯叔颜。小白对邢国人说："都怪我啊，都怪我！我马上找宋公和曹伯商议三家起兵的事。"

三国会议召开，小白道："我们不要再等鲁邾两国的军马了，应该勇敢承担责任，立刻起兵。"

御说和曹伯心中好笑，是谁非要在这等的？嘴上齐声答道："一切听命于齐侯。"

三国大军立刻拔寨起兵，火速赶往邢国都城，只见都城之内到处都是火光，哪里还有狄军的踪影。

我们已经说过，瞍瞒的大战略就是避免与齐军交战，邢国都城已破，狄军飞奔进去抢钱，其速度不亚于现在抢银行的歹徒。抢完之后，瞍瞒召集大家训话："弟兄们，用尽全身力气，跑吧！"

狄人的飞骑机动灵活，来如风去如电，这是瞍瞒在本书中最后一次亮相。

小白开始做善后工作，这种时候一定要露面，全世界都会因此觉得你很伟大，五千年历史，中国政治人物深谙这种养乱为功之谋。

按照小白和管仲的安排，卫国和邢国都建了新的都城，战略位置避开了狄人的攻击范围，又方便列国及时援救。

小白在中原的声望上升到顶点。

五十三、楚国的行动

就在小白讨伐北戎之前，楚国发生了天翻地覆的变革。时任国君的楚成王熊恽是当世枭雄，他是通过铁腕平息子元的内乱登上楚国王位的。登基的第二天，熊恽要拜国内贤臣斗廉为相，斗廉一口回绝："大王，现在楚国的唯一的强敌就是齐国，齐国有管仲和宁戚，我这点本事跟人家比上不了台面。如要战胜齐国您必须任用斗谷於菟。"

殿上的百官附和说："只有这个人最合适（必须此人，方称其职）！"熊恽立刻同意，他相信，能够得到所有人的认可，此人本事定是非同一般。

果然，熊恽与斗谷於菟交谈之后，对他的治国之才佩服得五体投地。

过了几天熊恽找斗谷於菟商量："先生，您是不是改个名字？"原来斗谷於菟的名字很俗，在楚国，斗是姓氏，谷於菟按楚国方言是小老虎的意思。熊恽要与小白争高下，连相国的名字也要把小白压下去。总不能说小白有管仲，我有斗小老虎吧，忒不上档次。

从此斗谷於菟有了一个新名字：子文。熊恽通令全国，以后再有谁敢喊子文先生小老虎，我就灭了他。

当一个国君对本国人才爱护到这种程度的时候，这个国家就走上了昌盛的道路。

小白救邢存卫的消息传到楚国，熊恽很不高兴："小白的名声整个大周朝都知道，我却畏缩在汉东无所作为，当今之世，有齐无楚，这不是我的耻辱吗？"

子文笑道："以我们的国力，大王现在就可以出手了。"

熊恽等的就是这句话："子文，我们该怎么做。"

子文道："郑国是楚国和中原的屏障，得到了郑国，大王就可以虎视中

原，逐一收拾这些诸侯国。"

一定要拿下郑国！

两万楚军在大将斗章率领之下赶赴郑国。楚国人没想到的是，楚军刚出一出城，郑国就已经得到消息，开始增兵防守了。

原来，郑国归顺齐国之后，日夜担心楚国的侵袭，他们在险要关口纯门驻有重兵。为了确保万无一失，郑国派出大量探子潜伏在楚国，对方一有军事行动，郑国第一时间就能得到消息。

郑国火速向小白求援，小白联合诸国派兵来救。自此，齐楚对决正式开始。

一时间，除秦晋外的所有诸侯齐聚郑国，等中原大军风尘仆仆赶到郑国的时候，楚军已经撤回国内去了。

斗章是个有脑子的将领，中原六七个大国的军马严阵以待，这时候去，获胜的概率太小了。因此刚走到郑国边界，他又下令掉头往回走。打不过就不打，这是最简单的道理。

此事传到楚成王熊恽耳中，熊恽沉着脸喊来大夫斗廉："给你个任务，即刻赶赴军中，将斗章当众斩首！"

斗廉皱着眉头去了，他下不了手，因为斗章是他的亲弟弟。到了军营之后，他没有执行熊恽的命令，而是偷偷将实情告诉了斗章："大王的脾气你也知道，我若不执行，两人都得死。"斗章跪地哭道："哥，想个法子啊。"

"唯一的办法就是立功。"

斗章苦着脸："那我还是得死啊，郑国现在龙虎风云聚集，根本没人动得了！"

斗廉哈哈大笑："军情瞬息万变，你没发现这是最好的时机吗？中原人马听说我们撤退了，现在正在回国的路上，此时正是郑国最疏忽的时候，他们怎么也想不到我们会杀个回马枪。战机，战机，一旦错过，再也挽回不了。"

斗章起身传令，全军再次掉头，以最快的速度奔向郑国。为了做到保密，每个楚兵口中都含着一个铜钱，以防出声，战马也用布裹上蹄子。整个部队偃旗息鼓，幽灵一般前进。

轻轻地我走了，正如我悄悄地来。

此刻的郑国举国欢庆，在纯门防守的大将聃伯正在边境上检阅。这次吓走楚军，聃伯赢得首功，心里很是得意。没想到突然有人报告说前面来了一队人马，聃伯纳闷了，是哪个国家的？肯定不是楚军，否则探马会告诉我的。

聃伯心中发慌，下令迎战。

几个回合下来，双方难分难解，打了个平手。斗章暗暗着急，哥哥怎么还不行动啊？

原来兄弟二人将楚军分为两队，斗章率前队正面迎击，斗廉率后队背后偷袭。正在斗章心急的时候，郑军忽然一阵大乱，斗廉到了。俗话说兄弟齐心，其利断金。斗廉斗章一联手，聃伯再也支撑不下去了，一不留神被斗章砸了一铁铜，翻身落马，楚兵蜂拥而上，轻易将其按住。统帅被俘，郑军兵士更无心恋战，顷刻间死伤过半，余下的狼狈逃回都城。

斗章心中大喜，指挥军马要直捣郑国老巢。没想到斗廉破口大骂："你找死啊，我们这次突袭是侥幸，中原大军得到消息还会赶回来，你还想不想活着回去？"

兄弟俩回到了楚都城，斗章按照哥哥的吩咐请罪："大王，不是我怯战，我是为了迷惑敌人（臣回军是诱敌之计）。现在我把郑将聃伯抓回来了。"

斗章若是忽悠别人，还有可能成功，问题是楚成王熊恽是一个有胆识的明君。

熊恽冷冷地看着他："为何不乘胜追击？"

斗章愣住了："我，我怕兵少不能成功，损了楚国的威风。"

熊恽怒吼："你还敢说不是怯战！"熊恽知道整个事情都是斗廉策划的，按说斗廉不听君令，擅自放过斗章就是死罪。但是熊恽是个视才如命的人，既然立功了，打个马虎眼能过去就过去。

"你不是说兵少吗？我再给你两万！拿不下郑国，你也别见我了。"这就是熊恽的霸气，什么条件我都给你创造，完不成就用鲜血来补偿吧。

斗廉觉得楚成王给足了自己面子，当即上前："我愿一同前往，此次定

将郑国国君献给大王（当缚郑伯以献）。"

熊恽顿感热血沸腾，任命斗廉为帅，斗章为辅。四万楚国军马气势汹汹杀奔郑国。

郑国加急求救信再次发至齐国，小白问管仲道："我们出兵救郑吧。"管仲对小白道："我们励精图治三十多年，如今中原人心归附，是和楚国决一死战的时候了。"

"仲父的意思是？"

"直接攻楚！如今楚国的主力都用于攻打郑国，国内空虚，这是千载难逢的好机会！"

五十四、北齐南楚大交锋

　　小白既兴奋又紧张，来回走了两圈，猛然抬头道："如果我们大规模召集诸侯，楚国肯定有所察觉，万一楚军回撤全力备战，那样我们有必胜的把握吗？"

　　管仲微笑道："如果我们假装攻打楚国旁边的蔡国，就不会受到怀疑了。"

　　"蔡国？"小白咬牙切齿，"不错，凭我们和蔡国的仇恨，楚国必不会怀疑。"

　　蔡穆公刚刚和小白翻了脸，这事说起来，两家都够丢人的。

　　蔡穆公见齐国势力逐渐强大，想傍齐国这棵大树，于是把妹妹蔡姬嫁给了小白。这天小白带着年轻漂亮的蔡姬乘船游玩，在船上小白对蔡姬说自己害怕水。哪知蔡姬这丫头很野性，你不是怕水吗，我就把水往你身上泼。她不断地把河里的水泼向小白，怎么都劝不听。小白气得满脸煞白，一上岸就告诉蔡姬："回你的蔡国吧，我这庙里养不起你这尊神。"

　　就这样，蔡姬被送回了老家。蔡穆公快气疯了，自己怎么说也是一方诸侯，妹妹叫人家退货了，丢人丢到家啊（已嫁而归，是绝之也）。最后，蔡穆公一不做二不休，下令将妹妹嫁给楚成王熊恽。熊恽求之不得，他一心想和小白争霸主。小白做的任何事，他都想掺和一下。

　　就这样，小白的前妻让熊恽给睡了。

　　消息传到齐国，小白气炸了肺，蔡穆公！你成心的啊，这么恶心的事你都干得出来！

　　齐蔡从此交恶。

管仲和小白定下计策，假装攻打蔡国，然后转兵突袭楚国。管仲让人大肆宣扬，齐国要大合诸侯援助郑国，给楚国造成中原主力要齐聚郑国的假象。

召集诸侯的同时，小白又做了两件事，一是暗通楚国周边的江黄两国，约定到时共同行动；二是命令小弟徐国干掉楚国的铁杆粉丝舒国，因为楚国和舒国不分家，天下人有"荆舒"之称。

这两件事干得非常漂亮，江黄两国主动答应做内应，徐国立即出兵舒国，并照小白的指示屯兵舒国，随时进行战略支持。

与此同时，宋桓公御说、鲁僖公申、陈宣公杵臼、卫文公毁、郑文公捷、曹昭公班、许穆公新臣七家诸侯在同一时间齐聚蔡国边境。小白命管仲为大将，连同本国兵马，将中原大军分成八路。

八路人马犹如一阵狂潮扑向蔡国。

此时楚国大军逼近郑国，郑国的一半兵力已随小白讨伐蔡国，留守的人马一面坚守城池一面对外宣称中原的人马很快就到了。熊恽和子文一夜未睡，两人在紧张地分析当前的形势。小白的中原主力要赶往郑国，与我主力决战，同时还有一小股人马袭击我们的盟国蔡国。蔡国还救不救？救肯定来不及了，小白是为了报私仇，蔡国是死是活随它去吧。

中原大军到了蔡国时，都城早已人去城空，连老百姓都逃光了。小白正要挥军直取楚国，想不到这时却发生了一件事，直接影响了这场战斗，七国诸侯中的许穆公去世了。小白感觉有点内疚，人家是为了帮我才抱病上战场的，太仗义了，不行，全军停留三日为老许发丧。

正是这三天为楚国赢得了宝贵的防御时间。

三天后，中原大军望南而进，到达楚国边界的时候，看到楚国边境并无兵卒防卫，只有一个行人在道路旁边站着，好像在等人。

见中原大军越行越近，那人迎上前来笑呵呵地说道："来的是齐侯吗？我奉楚王的命令在这里等了好几天了。"

小白额头冒汗："他们怎么知道我们要来？"

管仲眉头紧皱："有人泄密了。"

不错，在攻打蔡国的时候发生了泄密事件。

蔡穆公起初也以为齐国只有小队人马来攻打，当得知齐军前锋到达蔡国边境的时候，蔡穆公懒洋洋地下令防守。

幸运的是齐军的前锋是竖刁，蔡穆公更放心了，派人送去了一箱珠宝，竖刁便将齐国的战略计划告诉了蔡穆公：快走吧，晚一步八国大军就把蔡国踏平了！

蔡穆公吓得手脚哆嗦，匆忙收拾行李，带领全国人民到楚国避难去了。楚成王熊恽忽然醒悟，在斗子文的协助下火速通知伐郑军队回撤，同时紧急征兵，构筑防御攻势。

斗廉的主力人马还没回来，中原大军已经逼近楚国。子文道："不能让小白看出我们国内空虚，派人过去告诉他楚国做足了准备。"

就这样，楚国天才外交家屈完隆重出场。

管仲对小白说道："现在很难攻取楚国了，最好的办法就是言语恐吓让他主动认错。"

管仲乘车而出，交锋开始了。

屈完："齐国在北海，楚国在南海。两国相隔千里之远，这就好比发情的马不会和发情的牛交配。你们为什么要攻打我们呢？"

管仲："怎么没有关系呢，我们是不是同属于大周朝？作为周朝的子民该不该向周王进贡？你算算楚国有多少年没向周王朝贡了！况且当年周昭王南征楚国，不是因为你们才死在汉水吗？"

插播小知识：周昭王十九年（约公元前982年），周昭王亲自统帅六师军队南攻楚国，全军覆没，本人淹死在汉水。

屈完："周国诸侯不进贡的诸侯多了去了，秦和晋哪个交了？郑和卫也经常不交啊，你怎么非咬着我们不放？再说了，我知错了还不行吗？你们撤兵我们立马朝贡。还有周昭王是淹死在汉水的，不是我们杀的。这事你得问汉水啊（君其问诸水滨），别把责任推给我们。"

说完，屈完坐着小车走了。

管仲感慨万千："这王八蛋不说人话啊。"

随即对小白道："进军吧，还不到谈判的时候。"并下令军马直入楚国境内，在径山安营扎寨。径山前方不远就是汉水，楚国的最后防线。谁都知

道，所有的楚军都集结在汉水南岸，决战的时刻到了。

诸侯们个个摩拳擦掌，跃跃欲试，奈何管仲一直按兵不动。

正在大家疑惑的时候，屈完同志又坐着小车请降来了。

原来熊恽拜子文为将，在汉水南岸集结重兵，就等着中原人马来战，偏偏左等右等就是不来。

熊恽问子文："小白在那边搞什么？"

子文道："管仲行事很谨慎，他不渡江肯定是有计策，不如我们再派人试探一下。"

熊恽喊来屈完："小屈，再跑一趟呗。"

屈完答道："大王，您要让我去和谈，我觉得可以完成任务。要是宣战，那算了吧，我不行。"

熊恽敬重他的本事，笑道："战和不战都由你一个人说了算！"

这回屈完来中原大营恭恭敬敬，对小白说的全是服软的话："我们大王知道错了，您能不能让军队退后三十里？我们随后一定献上朝贡物品。"

小白很客气地同意了屈完的请求，屈完乐呵呵地回楚营汇报情况去了。

当夜中原大军果然后撤三十里。熊恽一看来劲了，小白这是怕我了，不行，我不能朝贡。

屈完和子文脑门直冒汗："大王，人家说话算数，我们不能耍无赖啊。别忘了你是君王。"熊恽于是很不情愿地命屈完准备朝贡物品，满满八车金帛送到了齐营。屈完又弄了个谢罪书，像模像样地呈交给小白。

小白想逞威风，带着屈完上高台检阅军队。只见方圆几十里数不尽的兵马联营，齐军中一声鼓响，各国立刻鼓声震天，有如雷霆震击。

小白喜滋滋地看着屈完："有这样的军队，还有攻打不下的城池吗？（以战，何患不胜？以攻，何患不克？）"

屈完也笑嘻嘻地说："是呀是呀，你如果以德服人，自然万众归心。说到军队嘛——"说到这儿，屈完忽然脸色一变，杀气逼人地继续说道："楚国虽然小，但是城外长城数百里，汉水水深河宽，任他百万雄师，也未必奈我何（方城为城，汉水为池）！"

小白让屈完吓了一跳，自觉此人不是一般人，于是开始敬重屈完。齐楚两国就此结为同盟，八国联军撤回中原。

事后鲍叔牙问管仲："敌弱我强，为什么不一鼓作气拿下楚国？"

管仲道："楚国地处遥远，不可能一战解决，将来互相征战，苦的还是百姓（其祸非数年不解，南北从此骚然矣）。"

管仲，圣人也。

五十五、管仲与小人的相处之道

自此，小白纵横天下，无人能敌。中原小国诸侯小白是召之即来，挥之即去；即使秦晋楚三个大国诸侯见了小白，也得礼让三分；西北犬戎胆大包天攻打周王室，小白管仲一到，戎主马上被训斥得服服帖帖。

战胜外部的强敌，并不意味着齐国从此天下太平。斗争永远不会结束，它只是变得更加诡异，由有形的外部战争化为无形的内部夺权斗争。

在竖刁和易牙形成邪恶联盟之后，齐国迎来了第三大小人公子开方。此人曾是卫国的太子，在一次齐卫外交谈判中认识小白。他和竖刁、易牙不同，一开始就是冲着齐侯的位子去的。

为了感动小白，竖刁把自己给阉了，易牙把儿子煮了，开方怎么做呢？想了半天他决定把爹妈贡献出去。自从跟随小白，开方就变成了从石头缝里出来的人，再没有回过家。

有一天噩耗传来，父母双亡，开方放声痛哭。小白心善，对开方说你回去奔丧吧。开方道："不！我走了就没人照顾您了。"小白被感动得一塌糊涂。

开方的得宠令竖刁和易牙感到不悦。因为显贵出身的开方，打心眼里瞧不起出身穷苦的竖刁和易牙。在开方看来，竖刁就是一个被包养的男宠，易牙更让他看不上眼——厨子，天天围着锅台转悠，实在没什么共同语言。当然竖刁和易牙也不想理开方，后来内乱的时候他们果然抛弃了他。

真正对开方好的是齐国当权人物管仲，他一眼就看出开方的能力："开方外交能力不错，可以委以大任。"

开方暗自高兴，一方面他感激管仲，另一方面则庆幸自己的野心能逃过管仲的眼睛。其实他错了，管仲一眼就看穿他的把戏。什么东西可以让人舍

弃千乘之国和父母亲情呢？开方肯定是想篡夺齐国王位（其所望有过于千乘者，近必乱国）。如果说开方是孙悟空，管仲就是如来佛，管仲处于齐国权力体系的核心，开方的所作所为都在他掌握之中。

不仅如此，管仲也很赏识竖刁，征北戎伐南楚都有竖刁的身影，竖刁对管仲也满意。

只有易牙对管仲恨之入骨，因为管仲只允许易牙和柴米油盐打交道，不曾委以重任。易牙心里很是不平，都是做坏事的人，凭什么他俩受重用，我就老是做饭？他决定单独行动，千方百计打败管仲，给自己捞回一点面子。

易牙是在管仲病危的时候出手的。说一个临死之人的坏话，易牙同志的龌龊已经超越了普通流氓的道德底线。事情源于小白和管仲的聊天，这天小白问管仲："你若走了，鲍叔牙可以总管国政吗？"

管仲坚决不同意：鲍叔牙太刚直，做事过于善恶分明。他一旦主政，必然会激起恶势力的反扑。

易牙得知这消息欣喜若狂，这是挑拨离间的好机会啊。他找到鲍叔牙将事情一说，叹息道："唉，先生我真是为你不平啊，如果没有你，管仲能有现在的地位吗？可是你看他，千方百计阻碍你的前程！"

鲍叔牙哈哈大笑："管仲这么做是为你好啊。"

易牙奇怪了："怎么是为了我好呢？"

鲍叔牙脸露凶光："倘若我主齐国朝政，必然铲除奸佞，到时候你的头还在脖子上吗？"

易牙吓得浑身是汗，连忙找了个借口告辞走了。

真正的友谊是不会为谗言所误的。

一次的失利没有使易牙退缩，一个月后他又出手了，不过这个时候管仲已经死了。死了？死了我也要说你坏话！瞧瞧人家易牙的人品，用下三滥形容都是对这个词的侮辱。

这次的挑拨对象是齐国大夫伯氏。有一段时间伯氏的业绩很差，小白一怒之下采取奖勤罚懒的策略，将伯氏的三百亩良田给了管仲。

易牙找到已经老掉了牙的伯氏："管仲已死。如果你愿意，我去见大王，帮你把失去的土地夺回来！"

伯氏哭了："我是对国家没什么贡献才丢了土地。管仲虽死，可是他的

功劳还在，我有什么脸去要人家的土地啊？"

当时易牙内心无限凄凉："死了还能让被欺负的人不怀怨恨，真厉害。这么看来，我真是小人啊（吾侪真小人矣）！"

至此齐国三大小人全都被管仲折服。

管仲一死，小白身边的三个寄生即将解开封印，疯狂地啃噬帝国的核心，直到这个帝国彻底沦陷。不过管仲早已料到此事，因此在临死之前向小白说出了一生中最严厉的警告："一定要远离易牙、竖刁和开方三人！"随即讲出了隐藏三十年的心里话，告诉小白三个小人亲近他的真实目的。小白惊愕道："仲父你既然知道，为什么不赶走他们？"管仲脸色惨然："有我在他们不敢生事。我一死，他们就会更肆无忌惮，大王将有横流之祸。远离他们啊！"

小白默然不语，他已中三人的诱惑之毒近三十年，如今要赶走他们，真比戒除毒瘾还难。

管仲终是死了。历史会铭记这一刻：公元前645年，姜小白唯一的战友离他而去。小白悲痛欲绝。四十年啊！这个如父亲一般的人，不知与自己携手走过多少征伐岁月，不知与自己有过多少嬉笑言谈。这个曾经想一箭射死他的管仲，如今已在他的灵魂深处留下抹不去的箭痕。仲父，仲父！今后谁再为小白出谋划策，指点江山啊？

当年气吞万里如虎，换得英雄无处话孤独。

五十六、夕阳下的霸主

　　当时宁戚和宾须无已经病故，年迈的公孙隰朋接下了管理国家的重任。怎料上天跟齐国开了个玩笑，一个月后公孙隰朋也病死了。再看齐国的重臣王子成父鬓发皆白，东郭牙走路都直不起腰了。唯有鲍叔牙这老头活得还算精神。

　　没有别人了，相父重任只能鲍叔牙担当。

　　有意思的是鲍叔牙这个国家总理长着剑眉。据中医说，肝火盛性子直的人须发都是直的。鲍叔牙的肝火上来了，一腔怒火烧向三个小人："大王，你必须让他们滚蛋，不然我不干！"

　　小白性格温和，架不住鲍叔牙硬逼，于是赶走了三人，不许他们再进宫。

　　齐国在鲍叔牙的治理下，依旧保持繁荣昌盛。不久，小白迎来了一个贵客。

　　一个穷得只剩下裤头的贵客——晋国的重耳。

　　先称霸后逃之吗？当时实际情况是，重耳逃避国家内乱，带着手下一路讨饭讨到齐国。小白久闻重耳的贤明，大摆筵席接待重耳。重耳这伙人都是几个月没吃过肉的主，见到好吃的两眼放光，风卷残云吃了个精光。小白看着重耳一副没出息的样，问道："公子怎么没带家眷啊？"重耳道："我遭人追杀四处流窜，自己都难活命，哪敢带家眷？"小白摇摇头："唉，我晚上没女的陪着，跟过了一年一样漫长，你怎么受得了啊？"

　　第二天一早，重耳刚刚起床，一开门便傻眼了。小白从齐国最美的宗亲里面给他找了个媳妇，又赠他二十乘车马，粮食鲜肉各一人车。刹那间六七十岁的小白在重耳眼里是那么的年轻帅气潇洒迷人。当然，重耳好女

色，后来他的手下为了逼着他继续奋斗，半夜里强行将他从老婆身边绑到车上，像运货般拉出了齐国都城，那是后话。

竖刁、易牙和开方又开始行动了，虽然他们身不在都城。却早已在小白身边埋下一颗棋子，宠妃长卫姬。

长卫姬现在迫切需要这三个人，因为小白的身体越来越差，一旦他死了，齐国就会展开争夺王位之战。如果按周朝长子为先的规矩，继承人本该是长卫姬的儿子无亏。偏偏小白和管仲喜欢公子昭，早早就宣布他是继承人。这位母亲满怀愤恨，她知道只有这三个人能帮助儿子顺利登上王位，她太清楚他们的能力了。

长卫姬拜见小白："自从他们三个人走后，您看您都瘦成什么样了。您年龄大了，自己享乐就行，何必非得疏远他们呢？"

小白有点心动："我也想他们，但是如果再召回来，恐怕鲍叔牙会生气。"

长卫姬笑了："我有办法，您先以身体不好为名召易牙回来，这个理由鲍叔牙不好反对。如果他反对，您就假装生气，顺便把竖刁和开方召回来。"

小白想了想，觉得主意不错，第二天就召回了易牙。鲍叔牙立刻出面反对："您忘了管仲的遗言吗？"小白嘟嘟囔囔："哎呀，仲父太夸大了，哪有那么严重。"鲍叔牙刚走，小白又召回了竖刁和开方，统统官复原职。鲍叔牙是烈火性子，回到家又气又怒，一下撒手西去。

小白的末日来临了。

齐国的朝堂成了三个小人的天下，听话的升官，不听话的滚蛋，体制法统成了一团乱麻。

小白病危，齐国六位公子加快了夺位步伐，临淄城表面风平浪静，实际已到了政治斗争的最后关头！

就在这时，一向貌合神离的三个小人终于决裂了。竖刁和易牙甩开开方，拥立长卫姬之子公子无亏。两人做出个大胆的决定，软禁小白。只要控制了小白，就能以他的名义随便颁发旨意，任命公子无亏为正式接班人。

公元前643年，即小白在位四十三年时，小白的宫门外出现了一个大牌子，上面是小白的旨意：

我最近病重，不喜欢听人说话，所有人不能来打扰我。另外竖刁严守宫门，易牙日夜带宫卫巡逻，擅自闯宫者格杀勿论！

这件事非常蹊跷，小白的合法继承人公子昭要看望父亲，都被竖刁赶了出来。临淄城里的其他四位公子逐渐明白了，肯定是公子无亏的人做的手脚！事到如今，强者为王，四位公子召集人马，只等着小白死后展开一场搏杀。

小白究竟怎么样了？

小白的宫殿里是前所未有的冷清，他处于昏迷中，成了一个孤零零的活死人。竖刁和易牙在宫门外砌起高高的围墙，环绕小白的宫室。两人别出心裁，不在围墙上建门，只在墙底下挖了个狗洞，这下就方便看守了。

历史的滚滚洪流留下了这一幕，小白苏醒了。两天多水米未进，他又渴又饿。人都死哪去了？不解之时，突然听到有人爬动的声音，小白仔细一看，是平时不太关注的小妾晏蛾儿。小白赶紧说：“我饿得要命，快给我弄碗粥。”

“没有粥了。”

“弄点热水也行。”

“凉水都没有了。”

小白察觉出事了：“为什么呀？”

竖刁和易牙作乱，宫外建墙，随意伪造大王命令……当晏蛾儿讲出宫外的情形，小白沉默良久，眼泪流了下来：“仲父，小白错了！”

自知身陷绝境，大限已至，小白问了一生中最后一个问题：“既然来这里有性命危险，你为什么还要来呢？”

瘦小的晏蛾儿惨然一笑：“我曾和您做过一夜夫妻，我想报答大王的恩情，最后看着您走。”

小白有宠妾六人，子女无数，临终之日陪伴他的竟然是最不受宠的晏蛾儿。小白对晏蛾儿道：“我很后悔，这一生没给过你什么。”随即用衣服捂着脸道：“我没脸见仲父啦！没脸啦！”连叹几声便绝气身亡。

小白死后，晏蛾儿自杀殉葬。

公子们开始了争夺君位的战争，四人被杀，正牌继承人公子昭外逃。小白的尸体六十七天无人管，寝宫之内蛆虫满地，恶臭难闻。直到公子无亏成

了齐侯，才草草为小白举办了丧事，谥号齐桓公。

公子无亏没有想到，自从他做齐侯的那一天起，一个绞索就在前方等待他。安排绞索的人是大家很熟悉的搭档：小白和管仲。

让我们回顾周襄王元年管仲和小白的对话。

管仲："你应该早指定继承人，以免死后国家动乱。"

小白："我六个儿子，按说应立长子无亏，不过我觉得公子昭比较贤明。"

管仲："既然觉得公子昭贤明就立他吧。"（管仲知道无亏的母亲长卫姬与竖刁易牙狼狈为奸。）

小白："到时候如果公子无亏不服呢？（恐无亏挟长来争。）"

管仲："你可以将公子昭托付给实力雄厚的外家诸侯。"

当年小白将公子昭托付给了宋襄公，宋襄公的父亲御说与小白交情深厚，宋襄公自幼受父亲影响将小白视为偶像。小白托子，宋襄公欣然答应。

公子昭果然投奔宋襄公，宋襄公拥兵入齐，公子无亏和竖刁身亡，易牙逃往鲁国，据说在彭城又干起了厨师行业，直到老死。

《列国志》中说小白的墓在山东临淄城南二十一里的牛首岗，《括地志》中亦有记载。到了西晋永嘉末年，民生维艰，一伙盗墓贼开挖桓公墓，打开厚厚的木板石墙后发现下面有巨大的水银池，腐气冲天，入内必死。几天后，盗墓贼牵着狗进去，找到了数十箱金蚕丝，珠襦、玉匣、缯彩、军器数不胜数。据说墓内骸骨狼藉，多达数百人，当年公子无亏篡位后株连了长卫姬和少卫姬，她们的宫人侍女全部给小白陪了葬。

有人说齐桓公墓旁还有一个小坟，墓主的名字叫晏蛾儿。

谨以此书，向古人致敬。